C·H·Beck
PAPERBACK

Astrid Séville

Der Sound der Macht

Eine Kritik der dissonanten Herrschaft

C.H.Beck

Originalausgabe
© Verlag C.H.Beck oHG, München 2018
Satz: C.H.Beck.Media.Solutions, Nördlingen
Druck und Bindung: Druckerei Pustet, Regensburg
Umschlaggestaltung: Geviert, Grafik & Typografie,
Andrea Hollerieth
Umschlagabbildung: © Maurizio Gambarini, picture alliance
ISBN 978 3 406 72722 1
Printed in Germany

www.chbeck.de

Inhalt

Einleitung
Die Fallstricke politischer Sprache im Zeitalter des Populismus

Wäre ich keine Politikwissenschaftlerin, würde ich mich lieber nicht für Politik interessieren. Politik in einer modernen Demokratie ist eine Zumutung. Ständig muss man Zeitung lesen, die Nachrichten verfolgen, um sich eine Meinung zu bilden und auf dem Laufenden zu bleiben. Ständig müssen die eigenen Überzeugungen, Argumente und Erkenntnisse an der politischen Wirklichkeit und in der Auseinandersetzung mit politischen Kontrahenten überprüft werden. Ständig macht man als Wähler Frustrationserfahrungen, weil die eigenen politischen Vorstellungen nicht denen der Mehrheit entsprechen, die eigenen hehren Ziele nicht umgesetzt werden, die Politik in der deutschen Verhandlungsdemokratie permanent auf Kompromisse angewiesen ist und das politische Profil der Parteien irgendwie immer mehr verschwimmt. Und ständig hört man eine politische Sprache, die einem die Lust auf Demokratie nimmt. Die eine Gruppe von Politikern pflegt einen technokratischen Politikstil, flüchtet sich in abgedroschene Phrasen und längst unglaubwürdig gewordene Mantras, statt die politische Kontroverse und offene Debatte zu suchen. Die andere betreibt Fundamentalopposition mit populistischen Slogans und erschüttert die liebgewonnene Illusion liberaldemokratischer Einhelligkeit. Haben wir uns vor kurzem noch über die politische Erstarrung, Langeweile und Lethargie der deutschen Politik aufgeregt,[1] in der Politiker leise und effektive Problemlösungen vorziehen, haben wir es nun mit einem anderen Schlag von Politikern zu tun, die wieder laut nach dem Volk und nach mehr Demokratie rufen. Die letzten Jahre haben die Gesellschaft politisiert. Es ist ungemütlich geworden in der politischen Arena.

Zwar ist Demokratie mehr denn je nerven- und zeitraubend. Doch als Politikwissenschaftlerin weiß ich auch, dass wir nun einmal die Zumutungen von Freiheit, Teilhabe und Mitbestimmung ertragen müssen, wenn wir in einer Demokratie leben wollen. Wir sind alle in eine Gesellschaft verstrickt, die sich das Versprechen demokratischer Selbstregierung gegeben hat. Demokratie ist, um es mit dem oft zitierten amerikanischen Präsidenten Abraham Lincoln zu sagen: «government of the people, by the people, for the people».[2] Es handelt sich um eine spannungsreiche Herrschaftsidee: Das Volk ist politischer Souverän, Untertan und Adressat zugleich. Die moderne Demokratie löst dieses Paradox über Wahlen und Repräsentation. Volksvertreter müssen im Namen des Volkes handeln und sprechen, sind aber weder mit diesem identisch noch bloß Sprachrohre eines angeblich immer schon existierenden Volkswillens. So erfordert die moderne, das heißt parlamentarische Demokratie ein hohes Maß an Vertrauen in die gewählten Volksvertreter, in ihre Institutionen und Verfahren. Die Demokratie lebt von dem Zutrauen, dass politische Akteure ihre Wähler ernst und Verantwortung übernehmen. Politische Repräsentation ist ein dynamischer Prozess der Willensbildung, bei dem sich eine Gesellschaft über mehrheitsfähige politische Positionen verständigt und Politiker diese für ihre kollektiv verbindlichen Entscheidungen nutzen.[3] Es geht um viel. Folglich lohnt es sich, die eigene Stimme zu erheben und sich für Politik zu interessieren – und das mehr denn je.

Denn machen wir uns nichts vor, ausgerechnet die «Alternative für Deutschland» (AfD) trifft mit ihrer Kritik des politischen Establishments den Nerv der Zeit. In ihrem Grundsatzprogramm gibt sie sich sogar als letzte Bastion der liberalen Demokratie: «Eine realistische Politik sollte sich der Unvollkommenheit und Vorläufigkeit ihrer möglichen Ergebnisse stets bewusst bleiben. Sie sollte einkalkulieren, dass kein noch so kluger politischer Akteur eine vollständige Kenntnis der Bedingungen und Möglichkeiten seines Handelns erlangen kann. Die auf vielen Politikfeldern durch die etablierten Parteien propagierte Alternativlosigkeit vermeintlicher Sachzwänge halten wir für in hohem Maße demokratie- und rechtsstaatsgefährdend. Rechtsstaatsprinzip und Vertragstreue sowie demokratische Legitimation haben für uns Vorrang vor kurzfristigem Aktionismus und wahlwirksamer Effekthascherei.»[4]

Diesen Zeilen würden beide, die Politikwissenschaftlerin im akademischen Elfenbeinturm und der politisch interessierte Bürger auf der Straße, mit Verve zustimmen: In der parlamentarischen Demokratie dürfen Entscheidungen keine absolute Wahrheit oder Endgültigkeit beanspruchen; sie sind prinzipiell fehlbar, komplex und kontextabhängig. Neue Mehrheiten, neue Erkenntnisse, andere Umstände, unvorhergesehene Entwicklungen, Krisen oder spätestens Regierungswechsel rechtfertigen es, einmal gefällte Entscheidungen zu überarbeiten und gegebenenfalls zurückzunehmen. Aber was hat es nun zu bedeuten, dass uns ausgerechnet die populistische, rechtsnationale und wohlfahrtschauvinistische AfD über die Funktionsweise der liberalen Demokratie belehren will?

Spätfolgen einer verarmten Debattenkultur

In unserer krisengeschüttelten Gegenwart steht die Politik unter großem Druck. Entscheidungen müssen oft schnell getroffen, internationale Krisenpolitik muss kurzfristig koordiniert werden, und die politischen und wirtschaftlichen Folgen von Entscheidungen sind für die betroffenen Akteure bisweilen selbst nicht vorhersehbar. Das konnten wir während der internationalen Finanz- und Wirtschaftskrise von 2008, in der anschließenden europäischen Staatsschuldenkrise und zuletzt auf dem Höhepunkt der europäischen Flüchtlings- und Migrationskrise von 2015 live beobachten. In solchen Phasen ist politische Kommunikation schwierig und riskant. Politiker flüchten sich dann gerne in eine kurzfristige Technokratisierung,[5] um die langwierigen und mühseligen Verfahren demokratischer Entscheidungsfindung abzukürzen und sich gegen Protest und Opposition abzuschirmen. Exponieren sich Politiker hingegen durch eine starke politische Position als Krisenmanager, so ist das, wie im Falle von Bundeskanzlerin Angela Merkel in der Flüchtlingskrise 2015, ein Wagnis, das eine personalisierte Kritik an politischen Versäumnissen und Entscheidungen befeuern kann.

Merkels eigener Regierungs- und Kommunikationsstil verschärft dabei eine bereits angespannte Konstellation: Weder vermag sie den Bürgern ihre Entscheidungen gut zu erklären noch weiß sie auf die technokratische Aushöhlung der parlamentarischen Demokratie oder auf den wachsenden Populismus als Kritik an den erstarrten politischen Verhältnissen eine überzeugende politische Antwort zu geben. Nach ihrem Verständnis kann sie als Bundeskanzlerin über den Niederungen konfliktreicher Parteipolitik und politischer Entscheidungsprobleme schweben. Doch heute ist für viele «[d]ie Merkelsche Strategie der Postpolitik – präsidentielles Amtsverständnis und asymmetrische Demobilisierung des gegnerischen Lagers durch politische Diskursflucht – [...] an ihre Grenzen gelangt.»[6]

Für diese Strategie ist Merkels Mantra der Alternativlosigkeit geradezu paradigmatisch geworden. Seit die Bundeskanzlerin jenen Slogan zu einer rhetorischen Allzweckwaffe gemacht und damit zahlreiche Entscheidungen (wie Anfang 2018 die Abtretung des Finanzministeriums an den Koalitionspartner SPD) gerechtfertigt hat, ist die sogenannte TINA-Rhetorik – TINA steht als Abkürzung für Margaret Thatchers berühmten Slogan «*There is no alternative*» – in aller Munde. Die Jury «Sprachkritische Aktion Unwort des Jahres» griff den allgemeinen Unmut mit diesem Politikersprech auf und erkor das Wort «alternativlos» zum «Unwort des Jahres 2010». Die Rede von der Alternativlosigkeit und den Sachzwängen ist für das Selbstverständnis einer Demokratie Gift. Demokratische Spielräume werden negiert, Politik scheint – um mit Jürgen Habermas zu sprechen – in einem «Sog der Technokratie»[7] gefangen. Gäbe es bereits ein Schlagwort für die endende Ära Merkel und den Regierungsstil der bisherigen Großen Koalitionen, müsste es «alternativlos» heißen. Politiker versuchen den verrufenen Slogan heute nach Möglichkeit zu vermeiden. Immerhin hat die massive Kritik manch einen Politiker dazu geführt, sich selbst zu hinterfragen.[8] Wahrscheinlich wurde das von der Öffentlichkeit aber auch deshalb übersehen, weil die Sprache der Regierenden nach wie vor der gleichen Logik folgt.

Die Rhetorik der Alternativlosigkeit ist nur ein Symptom der politischen Sprache der Gegenwart. Als Angela Merkel mit ihrem nüchtern-pragmatischen «Wir schaffen das» die Bewältigung der Flüchtlings- und Migrantenströme in Aussicht stellte, wurde diese Formulierung abermals als unlautere Diskreditierung und Abwehr jeglicher Kritik gedeutet. Merkels ebenso paradigmatisches «Sie kennen mich» und ihre von Adenauer geklaute Losung «keine Experimente» aus dem Wahlkampf 2013 haben sich von einem Stabilitätsversprechen zu einer politischen Bürde gewandelt: Die Rufe nach einem personellen und politischen Neuanfang, nach großen Entwürfen und Zukunftsvisionen, werden heute immer lauter. Im Sommer 2018 droht selbst die Union von CDU und CSU daran zu zerbrechen, dass Horst Seehofer die Asylfrage zum Machtkampf gegen Angela Merkel wendet und einen offenen Koalitionsbruch riskiert. Die Versprechen der Politik – seien es Aussichten auf Wohlstand durch kontinuierliches Wirtschaftswachstum inmitten blühender Landschaften, auf Sicherheit in einer «Welt aus den Fugen»[9] oder auf Beständigkeit in einer globalisierten Welt – verfangen nur noch bei den Allerwenigsten. Auch die vermeintlich unstrittige Wirtschaftskompetenz der «schwäbischen Hausfrau», die Glorifizierung der «schwarzen Null» und die Politpädagogik mit ihren dauernden «Hausaufgaben» klingen nur noch wie der fahle Sound von gestern, den niemand mehr hören will. Ein solcher Kommunikationsstil verschleiert die Probleme der politischen Willensbildung und Entscheidungsfindung, statt sie offen zu benennen. Die abgenutzten Sprachbilder und Floskeln zielen auf den Effekt einer Entpolitisierung von Problemen. Sie sagen uns nicht, was auf dem Spiel steht. Nicht nur die politische Sprache muss sich verändern, auch das dahinter verborgene politische Programm. Wir haben es mit einer an der politischen Sprache ablesbaren Verfallsgeschichte des technokratischen Neoliberalismus zu tun.

Zwar ist die politische Kampfvokabel «Neoliberalismus» zu Recht umstritten. Der Begriff wird für alle möglichen Phänomene verwendet und ideologisch instrumentalisiert. Fakt ist, dass neoliberale Politik in erster Linie auf die Verwirklichung einer freien Marktwirtschaft zielt. Neoliberale Ideologen knüpfen die Möglichkeit individueller Freiheit folglich an die Voraussetzung einer begrenzten Regierungstätigkeit. Das dahinterstehende Menschenbild besagt, dass freie Individuen rationale Nutzenmaximierer sind und ihre Interessen auf Märkten am besten verwirklichen können. Vom freien Spiel der Märkte sollen am Ende alle profitieren. Für neoliberale Politiker haben ein flexibler Arbeitsmarkt, die Steigerung des Wettbewerbs und der Produktivität Priorität; der Markt wird als effizientester Mechanismus zur Allokation knapper Ressourcen verstanden. Marktliberalisierung, Deregulierung, Privatisierung, ein weltweites Freihandelsregime und freie Kapitalflüsse sind die obersten politischen Ziele.[10]

Schon dank dieser knappen Arbeitsdefinition des Neoliberalismus fällt auf, dass heute wenige bis keine Regierungen eine solche Politik stringent, offen oder gar offensiv verfolgen. Die Dinge sind viel komplizierter geworden. Der amerikanische Präsident Donald Trump verlangt nach Schutzzöllen und propagiert Protektionismus, während ausgerechnet das kommunistische China den Freihandel hochhält. Die Verwerfungen des deregulierten Finanzmarktkapitalismus sind spätestens seit der Doppelkrise des internationalen Finanz- und Bankensektors und der Schuldenstaaten deutlich geworden. Die Herrschaft des «autoritären Kapitalismus»[11] ist längst in Verruf geraten; Deregulierung und die weitere Öffnung nationaler Märkte sind heute weder für amerikanische Präsidenten noch für internationale oder transnationale Unternehmen mehr *common sense*. Selbst der Internationale Währungsfonds (IWF), jahrzehntelang eine neoliberale Bastion des sogenannten «Washingtoner Consensus» und damit der schärfste Anwalt von Sparpolitik, Deregulierung und Privatisierung, plädiert zwischenzeitlich für ein Modell des «Rettungskeynesianismus», um die Eurozone weiter zu stabilisieren.[12]

Gerade in Deutschland, so hat es den Anschein, hadert die politische Klasse ganz besonders mit dieser Zeitenwende. Politiker haben bisher kein Konzept für die Zukunft, keinen Plan B, keine große politische Alternative, keine neue politische Sprache erkennen lassen – und sie stehen vor den Langzeitfolgen ihres alten, brüchig gewordenen politischen Diskurses. Sogar der liberale *Economist* diagnostizierte 2017 in diesem Sinne ein «*German problem*».[13] Die Politik und die politische Sprache der letzten Jahrzehnte haben hierzulande den Eindruck stark begrenzter politischer Gestaltungsspielräume und Protestmöglichkeiten erweckt, so als würde der *demos* durch «die Märkte», «die Globalisierung» oder «die Technokraten in Brüssel» fremdbestimmt. Das macht viele Bürger glauben, wir lebten in einem postideologischen Zeitalter und in nachdemokratischen Zuständen. Die einst von dem Politikwissenschaftler Colin Crouch formulierte These der Postdemokratie[14] ist zu einem Schlagwort unserer Zeit avanciert, das sich sowohl linke Kulturschaffende als auch «besorgte Bürger» und Populisten aneignen, um sich über das sogenannte Establishment zu empören und nach (mehr) Demokratie zu rufen.[15]

Es stellt sich die Frage, ob sich der Zustand der liberalen Demokratie in Deutschland überhaupt kritisieren lässt, ohne selbst in populistische Gesänge einzustimmen. Soll man lieber – auch wenn es dem leidenschaftlichen Demokraten Bauchschmerzen bereitet – auf die rechtsstaatliche und expertengestützte Einhegung der Demokratie setzen, um die Gefahr einer populistischen Tyrannei der Mehrheit zu bannen? Oder müssen wir uns den lauter werdenden Forderungen nach einer grundlegenden Demokratisierung der Verhältnisse anschließen und – um Willy Brandt zu variieren – weniger Technokratie wagen, obwohl wir aus guten historischen Gründen die Gefahr einer Fundamentalpolitisierung der Gesellschaft fürchten gelernt haben?

Die politischen Entwicklungen und diskursiven Frontlinien unserer Zeit lassen eine Kritik gegenwärtiger Herrschaftsverhältnisse gewissermaßen sprachlos zurück. Indem es sich mit vier symptomatischen, fatalen Floskeln unseres heutigen Zeitgeists auseinandersetzt, will das vorliegende Buch dafür sensibilisieren, wie die politische Sprache der letzten Jahre und Jahrzehnte unsere Demokratie, unser Verständnis von Politik und unsere politische Kultur hat verarmen lassen. Wir haben verlernt, offen politische Kontroversen auszutragen und uns im Angesicht konkurrierender politischer Vorschläge zu positionieren. Zu lange haben bürgerliche Politiker auf die Rationalität und die vernünftige Einsicht ihrer Wähler in die vermeintlichen Notwendigkeiten und in die angeblich bestechende Logik ihrer Politik gesetzt. So viel haben wir in den letzten Jahren von der Ideologielosigkeit moderner Politik gehört, dass wir irgendwann selbst an den Sound der Macht geglaubt haben. Genau das macht uns und unsere Politiker heute hilflos gegenüber der aggressiven populistischen Anfechtung der liberalen Demokratie. Die politische Sprache und die toxischen Phrasen der Vergangenheit haben eine ebenso problematische politische Gegenrede provoziert. Die Ideologie ist zurück; die mutmaßliche Unvernunft inszeniert sich als politischer Protest und wird zum neuen Machtfaktor. «Lüge, Bluff, Durchtriebenheit und Zynismus werden dabei vom raunenden Demos geradezu offensiv eingefordert und bei ausreichendem Einsatz im Wahlkampf postwendend akklamiert. [...] Durchtriebenheit und Ruchlosigkeit gelten nun als Ausweis von Cleverness.»[16] Statt technokratische Worthülsen und rhetorische Manöver der argumentativen Verunklarung zu nutzen, sind die Populisten heute die Pöbler vom Dienst und kultivieren einen Gestus des politischen Tabubruchs unter dem Deckmantel von Slogans wie «Das wird man ja wohl noch einmal sagen dürfen» oder «Mut zur Wahrheit». Populisten verstehen sich als wahre Demokraten und skandieren «Wir sind das Volk». Sie wollen sich «unser Land und unser Volk zurückholen» und Parlamentarier «jagen», so der Spitzenkandidat der AfD, Alexander Gauland, nach dem Einzug seiner Partei in den Deutschen Bundestag.[17] Gegen den alten Sound der Macht erschallt heute ein längst vergessen geglaubter, vulgärdemokratischer Sound.

Die Fallstricke diskursiver Entpolitisierung im Zeitalter des Populismus

Wenn wir uns darauf einigen können, dass die Rede von der Alternativlosigkeit, die der AfD erst ihren Namen gab, demokratiegefährdend ist und zu Politikverdrossenheit führt, stellt sich augenblicklich die Frage: Ist der neue populistische Sound – und womöglich gar die rechtspopulistische und potentiell verfassungsfeindliche AfD – nichts weiter als eine legitime demokratische Reaktion auf die ernüchternde und ermüdende TINA-Rhetorik der Vergangenheit? Braucht die Demokratie ab und an ein populistisches Aufbegehren und eine emotionale Polarisierung der politischen Arena, um sich aus dem Würgegriff der technokratischen Unsprache, der sterilen Rationalität und der Komplexität politischer Verfahren in ausdifferenzierten Gesellschaften zu befreien? Der immer wieder bemühte «zwanglose Zwang des besseren Arguments» (Jürgen Habermas) kann schließlich furchtbar langweilig sein.

Tatsächlich machen sich einige namhafte Philosophen und Politiktheoretiker für den Populismus stark und erkennen in ihm eine politische Frischzellenkur für die erschlaffte Demokratie. Auch der kurze Höhenflug des SPD-Kanzlerkandidaten Martin Schulz wurde auf dessen «populistische» Wahlkampfanleihen zurückgeführt. Schulz thematisierte Fragen gesellschaftlicher Ungerechtigkeit, wollte Politik für die «hart arbeitende Mitte», «den kleinen Mann» machen und sprach auffällig oft von «Gefühlen». War das schon Populismus? Martin Schulz hatte ja nicht behauptet, Volkes Stimme zu sein. Es fragt sich schließlich, welchen Erkenntnisgewinn überhaupt das Schlagwort vom «Populismus» birgt, das derzeit so schillernd und strittig ist wie kaum ein anderes politisches Etikett. Populismus hat heute eine gleich doppelte Konjunktur als politischer und politikwissenschaftlicher

«Kampfbegriff»[18] und bezeichnet so unterschiedliche Akteure wie die AfD, den Front National, die Fidesz-Partei in Orbáns Ungarn oder Syriza in Griechenland.

Das europäische Superwahljahr 2017 hat glücklicherweise nicht zum Einzug der Populistin Marine Le Pen in den französischen Elysée-Palast geführt oder eine Regierung unter dem Populisten Geert Wilders in den Niederlanden an die Macht gebracht. Doch geben die 12,6 Prozent der AfD bei den Bundestagswahlen hierzulande genug Anlass zur Diskussion. Am Wahlabend war zwar der Tenor aller Vertreter der etablierten Parteien, dass 87 Prozent der Deutschen diese Partei nicht gewählt hätten. Laut mehreren Studien stehen mittlerweile jedoch nicht nur AfD-Wähler der liberalen Demokratie kritisch gegenüber. Parteienverdrossenheit ist weiter verbreitet als gedacht,[19] und stets sind in Umfragen all jene deutschen Politiker und Institutionen am beliebtesten, denen man keine konkreten politischen Entscheidungen zuordnen kann.[20] Die hilflosen Wahlkampfslogans der Union, «mit Maß und Mitte» agieren und für ein Deutschland sorgen zu wollen, «in dem wir gut und gerne leben», verdeutlichen doch nur, dass dem politischen Spitzenpersonal einfach keine emotionale und emphatische Ansprache der Bürger mehr gelingen mag.

Aus dieser Selbsterkenntnis heraus bemühen sich Politiker mitunter um eine schlechte Kopie populistischer Rhetorik. Bevor wir uns als liberaldemokratische, moralisch korrekte und politisch integre Antipopulisten vorschnell in Sicherheit wägen, ist nämlich eines offen festzuhalten: Die politische Sprache der letzten Jahre hat zu vielen bunten Facetten und feinen Schattierungen einer populistischen und vulgärdemokratischen Gegensprache geführt, die keineswegs nur beim neuen *enfant terrible* der deutschen Parteienlandschaft, der AfD, vorzufinden sind. Auch ein CDU-Politiker wie Thomas de Maizière lässt verlauten, «wir» seien «nicht Burka», während sich SPD-Politiker als die einzig wahren «Kümmerer» inszenieren und CSU-Chef Horst Seehofer nach seinem Wahldebakel 2017 «verstanden haben» und die «rechte Flanke» schließen will. Auch bei antihumanistischen Fehltritten politischer Sprache lassen sich keine einfachen Parteigrenzen einziehen.

Zudem stellen «die Politiker» keineswegs das alleinige Problem dar. Statt eine Debatte um alternative Gesellschaftsentwürfe, Politikverständnisse und Konzeptionen des guten Lebens und gesellschaftlichen Miteinanders öffentlich sichtbar zu machen, karikiert die mediale Berichterstattung politische Auseinandersetzungen immer wieder als pseudo-sportlichen Wettkampf. Im Wahlkampf standen sich etwa die «Titelverteidigerin»[21] Angela Merkel und ein von Beginn an «angeschlagener Herausforderer» Martin Schulz gegenüber, der seinen erhofften Weg ins Kanzleramt ja selbst als «Langstreckenlauf»[22] verstanden wissen wollte. Anschließend folgten die langwierigen Koalitionsgespräche in der Wortwahl der Berichterstattung keiner Logik politischer Kompromissfindung, sondern der eines Kräftemessens. Journalisten zeichnen somit oft das demokratieverzerrende Bild von einem Wettkampf, in dem aus potenziellen Koalitionären «Gewinner» und «Verlierer» werden. Doch diese Sportmetaphern können wohl kaum einen Ausweg aus einer demokratischen und rhetorischen Misere weisen, in der sowohl die technokratische, neoliberale Unsprache als auch die populistische Gegensprache den Wählern keine Orientierung bieten, geschweige denn das bestehende Problem politischer Fragmentierung und gesellschaftlicher Polarisierung beantworten.

Wie lassen sich also rhetorische Rezepte finden, mit denen Politiker und Antipopulisten beim Bürger (wieder) Gehör finden können? Kann und muss man dafür Bürger «abholen, wo sie sind», ihre «Sorgen ernst nehmen», so die gängigen Phrasen, die

Politik zur Gesellschaftstherapie umdeuten? Befinden wir uns wirklich in einem «Endspiel um die Glaubwürdigkeit», wie der bayerische Ministerpräsident Markus Söder angesichts des drohenden Zerwürfnisses der Union im Juni 2018 behauptete, weil sich die Schwesterparteien im Asylstreit nicht einigen konnten? Warum gibt es heute Politiker, die gar keinen Anspruch auf politisches Maß, auf politische Erfahrung und eine konsistente Repräsentation von Bürgerinteressen erheben? Auf der Suche nach Erklärungen machen wir es uns zu einfach, wenn wir die Wähler populistischer Politiker als «dumm» deklassieren.[23] Parteien wie die AfD, aber auch Trump in den USA und die UKIP-Partei in Großbritannien versuchen, auf eine doppelte Leerstelle zu reagieren, die zum einen Politiker mit ihrer Vernachlässigung, ja Stigmatisierung bestimmter Milieus und Wählerschichten, zum anderen die entsprechende politische Sprache der letzten Jahre hinterlassen haben. Trump postuliert in seiner Antrittsrede, dass die Vergessenen nicht länger vergessen seien, andere wie Nigel Farage oder Alexander Gauland fordern «ihr Land» und «die Kontrolle» zurück.

Den Erfolg solcher Politiker führen Journalisten und Sozialwissenschaftler routinemäßig auf soziostrukturelle Gründe zurück, erklären die Wähler populistischer «Rattenfänger» etwa zu «Modernisierungsverlierern», zu ehemaligen weißen Arbeitermilieus, die abgehängt worden seien, und sie raunen über den Einzug einer «postfaktischen Popkultur» in den Politikbetrieb. Politikwissenschaftler wiederum meinen, die (Neo-)Liberalisierung sozialdemokratischer Parteien auf der einen, die Sozialdemokratisierung der konservativen Parteien auf der anderen Seite hätten ein Vakuum an den politischen Rändern entstehen lassen, sodass sich hier neue Parteien und Bewegungen mit Ausstrahlung auf die gesellschaftliche Mitte etablieren konnten. Die Befunde sind allesamt mehr oder weniger zutreffend, doch beleuchten sie das Moment des politischen Diskurses, die Sprache, Semantiken sowie rhetorischen Kniffe und Fallstricke der populistischen Gegensprache gegen die vorherrschenden (neo-)liberalen und rationalistischen Sprachmuster unserer Zeit oft nur oberflächlich oder wenig systematisch. Diese Lücke will dieses Buch schließen und widmet sich den toxischen Phrasen politischer Sprache der Gegenwart und den dahinterstehenden politischen Vorstellungen, die zu den allerorts wahrnehmbaren Verstimmungen, ja zu den *Dissonanzen demokratischer Herrschaft* geführt haben.

Kapitel 1

«There is no alternative»
Die lange Geschichte einer fatalen Floskel

Auf den Straßen türmte sich der Müll, es stank. Die Kinder froren, im Haus war es kalt, es gab kein Heizöl. Die kranke Großmutter konnte nicht zum Arzt, weder fuhr ein Bus, noch hatte der Arzt Sprechstunde. Er streikte. Wie die Müllabfuhr. Wie die Lastwagenfahrer, die das Heizöl liefern sollten. Wie zahlreiche Arbeiter und der gesamte öffentliche Dienst. Großbritannien erlebte 1978/79 den «Winter des Missvergnügens» (*Winter of Discontent*). Die Metapher erinnert an William Shakespeares Stück Richard III (1594), das von der Figur Gloucesters mit einem berühmt gewordenen Monolog eröffnet wird: «*Now is the winter of our discontent, made glorious summer by this sun of York*». Nur glaubte in Großbritannien Ende 1978/Anfang 1979 niemand mehr daran, dass in naher Zukunft ein glorreicher Sommer bevorstand. Den streikerprobten Briten wurde in diesen Monaten klar, dass ihre politische Welt sich unweigerlich dem Ende neigte. Ihre Regierung fand keinen Ausweg aus der «Stagflation», einem mittlerweile seit Jahren anhaltenden Teufelskreis aus schleichender Geldentwertung, ausbleibendem Wirtschaftswachstum und hoher Arbeitslosigkeit. Die britische Ökonomie lag sprichwörtlich am Boden. Die altbewährten Mittel der antizyklischen Krisenbekämpfung aus den *Trente Glorieuses* der Nachkriegszeit – eine nachfrageorientierte Wirtschaftspolitik und kooperative Absprachen zwischen Staat, Arbeitgebern und Gewerkschaften – wirkten nicht mehr. Wut und Tristesse machten sich breit. Es lag ein Hauch von Revolution in der kalten Winterluft.

Eine Krämerstochter, die in Oxford Chemie und Jura studiert hatte, machte sich diese Stimmung zunutze, um Großbritanniens erste Premierministerin zu werden. Sie war überzeugt, den «kranken Mann Europas» (*sick man of Europe*) nur mit Hilfe eines radikalen Umbaus von Staat und Gesellschaft kurieren zu können, und leitete eine neue Ära ein: die des Neoliberalismus. Staatsunternehmen wurden privatisiert, der Markt dereguliert, ja die trägen Angestellten des aufgeblähten öffentlichen Dienstes sollten durch die Einführung von Marktprinzipien, von Wettbewerb und Konkurrenz zu mehr Effizienz und Produktivität angetrieben werden. Nach ihrer Wahl erklärte sie vor Downing Street No. 10 sendungsbewusst: «Wo Zwietracht herrscht, mögen wir Harmonie bringen. Wo Fehler walten, mögen wir Wahrheit bringen. Wo Zweifel herrschen, mögen wir Glauben bringen. Und wo Verzweiflung ist, mögen wir Hoffnung säen.»[1] Der Name der Krämerstochter war Margaret Thatcher – und ihren neoliberalen Politikansatz bezeichnete sie als «alternativlos».

So erfand die «Eiserne Lady» Thatcher einen politischen Slogan, der noch heute allen Demokraten übel aufstößt, weil er jeden Anflug von kritischer Widerrede, lebhafter Debatte und Opposition im Keim erstickt. Nach wie vor begegnen wir der Rede von der Alternativlosigkeit, obwohl Thatcher bereits vor fast dreißig Jahren von ihrer eigenen Partei aus der britischen Politik regelrecht verjagt worden ist. Im Laufe der Jahrzehnte hat sich die politische Begleitmusik ihres TINA-Slogans – TINA ist die Abkürzung von «*There is no alternative*» – allerdings verändert. Thatcher machte davon noch Gebrauch, um ihre Gegner in teils unerbittlichen politischen Kämpfen aggressiv an den Pranger zu stellen, während wir es heute mit einer spröden und konfliktscheuen TINA-Politikerin namens Angela Merkel zu tun haben.

Auch die Motive für die Verwendung der Floskel haben sich seit Thatchers Abtritt verschoben. In den 1980ern sollten die britischen Wähler Thatchers alternativlose neoliberale Revolution als Signum des gesunden Menschenverstands anerkennen. Ende der 1990er sollten verunsicherte Sozialdemokraten dann einsehen, dass globalisierte Märkte nun einmal alternativlose Sachzwänge produzierten. Und heute? Heute lauschen wir einem vermeintlich alternativlosen Durchwurschteln, bei dem gar nicht mehr so klar zu sein scheint, ob dahinter – wie bei Thatcher – eine große Agenda steht oder – wie beim Dritten Weg der europäischen Sozialdemokratie – doch nur die Verwaltung von Sachzwängen. Eines ist jedoch unbestritten: TINA ist von einer leidenschaftlichen Beschwörungsformel, mit deren Hilfe Thatcher die politische Welt in Freund und Feind teilte, zu einer Phrase politischer Leidenschaftslosigkeit und Konfliktvermeidung in der Merkel-Ära geworden. Merkels vermeintlich alternativlose Sedierung des politischen Diskurses hat mittlerweile eine heftige Gegensprache provoziert. Während unverbesserliche Technokraten weiterhin auf Zwänge, Strukturen und Vorgaben pochen, mobilisieren Populisten heute das Volk als handlungsfähigen Akteur und feiern damit ungeahnte Wahlerfolge. Um zu verstehen, warum die Menschen den alten Sound der Macht nicht mehr hören können, lohnt sich ein Blick zurück in die lange Geschichte einer fatalen Floskel.

Die Geburt der alternativlosen Politik im Großbritannien der «Eisernen Lady».

Nach dem Zweiten Weltkrieg herrschte in der britischen Politik der sogenannte Nachkriegskonsens (*postwar consensus*) zwischen der Labour-Partei und den konservativen Tories. Dieses Einver-

ständnis beruhte auf der Zustimmung breiter Bevölkerungs-
schichten zum Wohlfahrtsstaat. Wie es der volkswirtschaftliche
Zeitgeist nahelegte, verfolgten beide Parteien das Ziel, durch
antizyklisches Nachfragemanagement Vollbeschäftigung zu gewährleisten. Ihre Politik, die vorwiegend um fiskal- und indus-
triepolitische Fragen kreiste, zeugte von einem aktiven, interven-
tionistischen Regierungsverständnis: Der Staat sollte sich aktiv in
die Wirtschaft einmischen; das Gemeinwohl könne am ehesten in
einer aus Staats- und Privatunternehmen gemischten Volkswirt-
schaft sichergestellt werden. Auch die Haltung der Regierung gegenüber den Gewerkschaften war kooperativ.[2] Staat, Arbeit und
Kapital zogen gewissermaßen an einem Strang.

Aber dann kamen die Ölkrisen der 1970er, der rapide Wert-
verlust des Pfund Sterling, und die Krise der britischen Wirtschaft verschärfte sich. Der Boden war bereitet für die schrille
Politik und Rhetorik Margaret Thatchers, die in allen Vorgänger-
regierungen nur noch die Ausläufer eines heillosen *ancien régime*
zu erkennen glaubte. Nach Thatchers geschichtsphilosophischem
Sendungsbewusstsein war die britische Nachkriegspolitik – mit
Karl Marx gesprochen – nur noch Vorgeschichte mit unzeitge-
mäßen Traditionen, derer es sich schnellstmöglich zu entledigen
galt. Konsequenterweise stilisierte sich die Eiserne Lady zu einer
radikalen Außenseiterin innerhalb eines überkommenen politischen Systems: Nur sie allein brachte das nötige Rüstzeug mit, die
drängenden Probleme der Zeit anzugehen und zu lösen. Auf die
eigennützigen Eliten des Establishments konnte man demnach
pfeifen.

Am Beispiel der neoliberalen Wende im Großbritannien der
Thatcher-Ära zeigt sich die Doppelbödigkeit moderner politischer Rhetorik. Das beginnt schon beim lange vorherrschenden
Bild eines harmonischen Nachkriegskonsenses, aus dem in der
longue durée letztlich beide politischen Lager Kapital zu schlagen

wussten: Während sich Thatcher als politische Revolutionärin in Szene zu setzen vermochte, die einen radikalen Bruch mit der erfolglosen keynesianischen Nachkriegspolitik vollzogen habe, konnte die Labour-Partei später wiederum allein der Eisernen Lady die Schuld für die sozialen Härten des neoliberalen Paradigmenwechsels in die Schuhe schieben. Tatsächlich war die Entwicklung aber viel uneindeutiger. Schon vor Thatchers Einzug in Downing Street No. 10 hatten der Labour-Premierminister James Callaghan und sein Schatzminister Denis Healey bereits die Abkehr vom keynesianischen Kurs angekündigt, um Großbritannien aus der Wirtschafts- und Finanzkrise von 1976 herauszuführen. Die Labour-Regierung hatte sich dazu gezwungen gesehen, einen Kredit beim Internationalen Währungsfonds (IWF) zu beantragen. Der IWF insistierte im Gegenzug auf drastischen Kürzungen der öffentlichen Ausgaben und schränkte damit den Spielraum für Reformen stark ein – ein Vorgehen, das sich zuletzt in der Griechenland-Politik der sogenannten Troika wiederholte. Doch hatte die auferlegte Sparpolitik auch hier keine positiven ökonomischen Effekte. Callaghan gelang es nicht, den gordischen Knoten der britischen Stagflation und andauernder Streiks zu lösen. Ganz im Gegenteil – im Winter 1978/79 legten private und öffentliche Dienste zugleich die Arbeit nieder, und die frustrierte Mehrheit der britischen Wähler kam zu dem Schluss, dass die Labour-Regierung abgewirtschaftet hatte. Das Land stand still. Die Wahl der forschen Krämerstochter – die von dem, was sie sagte, immerhin überzeugt schien – war für die Mehrheit der Briten die logische Konsequenz.

Thatcher profitierte demnach von einem weitverbreiteten Gefühl des Niedergangs und verwendete eine Sprache des drohenden Untergangs, in der sie wiederum einen Neuanfang versprach. Den «Winter des Missvergnügens» von 1978/79 verkaufte sie ihren Wählern als deutliches Anzeichen einer Unregierbarkeit,[3] der allein mit radikalen Maßnahmen beizukommen sei. Der Staat habe den Gewerkschaften zu viel Macht gelassen, diese stellten infolgedessen überzogene Ansprüche, ja überhaupt sei der Staat aufgrund seiner Allzuständigkeit völlig überlastet und aufgebläht. Thatcher nutzte das Gefühl der Öffentlichkeit, von den Gewerkschaften in Geiselhaft genommen worden zu sein, und machte sich in der Folge daran, die korporatistische Struktur des britischen Staates zu zerschlagen.

Thatchers Reformagenda:
neoliberale Politik als gesunder Menschenverstand

Seit jeher betonen* die Briten die liberale Stoßrichtung ihres Wohlfahrtsstaats: Im Zentrum steht bei ihnen die individuelle Verantwortung; ein im internationalen Vergleich relativ schlanker Sozialstaat soll «Hilfe zur Selbsthilfe» (John Stuart Mill) leisten. Thatcher führte diese liberale Voreinstellung des britischen Diskurses zugunsten ihrer neoliberalen Reformpolitik ad absurdum. Ihre drastische Sprache war ihr bestes Behelfsmittel, in der Sozialhilfe und im Sozialwohnungsmarkt erhebliche Einschnitte durchzusetzen oder das staatsfinanzierte Rentensystem durch die gezielte Stärkung von Maßnahmen privater Altersvorsorge in Teilen zu ersetzen. Um ihre Entscheidungen zu rechtfertigen, zog sie eine rote Linie zwischen Bedürftigen, die unverschuldet in ihre Lage geraten waren («deserving poor»), und Schmarotzern sowie Schnorrern («scrounger»), die sich nur dank Sozialhilfe in ihrem faulen Leben einrichten konnten.[4] Mit diesem bis heute wirkmächtigen *Framing* der Sozialstaatsdebatte[5] und ihrer moralischen Spaltung der Gesellschaft verfolgte Thatcher das Ziel, möglichst alle Gesellschaftsmitglieder nach ökonomischen Werten wie Geschäftstüchtigkeit, Fleiß, Selbständigkeit und Unternehmergeist zu erziehen.[6] Für die «Eiserne Lady» galt das Motto: «Die Wirtschaft ist die Methode; das Ziel ist es, Herz und Seele zu verändern.»[7]

Die Gesellschaft über die Einstellungen und Verhaltensweisen der Einzelnen von Grund auf umzupolen, war der Kern ihres neoliberalen Reformprogramms. Deshalb ordnete sie auch die Verwaltungsstrukturen im öffentlichen Dienst nach dem Marktprinzip um. Im Ergebnis kam es dadurch aber nicht zu einem einseitigen Staatsrückbau, auch wenn dieses Märchen noch immer über den Neoliberalismus erzählt wird. Verantwortlichkeiten wurden zwar zunehmend an halbstaatliche Agenturen («Quangos») delegiert. Gerade auf Kommunalebene kontrollierten jene Zwitterwesen aus Verwaltung und Regierung die Verwendung öffentlicher Mittel und Leistungen bis ins Detail. Unter Thatcher mutierte der britische Staat so zu einer genuin neoliberalen Kontrollinstanz, die mit Argusaugen darauf achtete, dass die gesamte Gesellschaft marktförmig zu denken und operieren begann.

Im gleichen Atemzug wurde die kollektive Organisation zivilgesellschaftlicher Interessen nach Kräften unterminiert. Alle organisierten Interessensvertretungen – ob nun Gemeinderäte, Sozialverbände oder Gewerkschaften – schränken als vermittelnde («intermediäre») Institutionen erst einmal den Durchgriff des Staates auf seine Bürger ein. Anders herum formuliert: Die Bürger können durch Vereine, Verbände oder andere Gruppierungen gemeinsam Druck auf die Politik ausüben. Folgt man dem Politikwissenschaftler Claus Offe, glich der Thatcherismus nun einem «assoziationspolitischen ‹Kahlschlag›»,[8] durch den das Individuum am Ende dem Staat nackt gegenüberstand. Innerhalb dieses von ihr selbst geschaffenen gesellschaftlichen Vakuums konnte die Premierministerin ihre britischen Landsleute dann umso selbstbewusster belehren: «Es gibt keine Gesellschaft.»[9] Es hätte freilich eher heißen müssen: «Es gibt bald keine solidarische

Gesellschaft mehr, weil ich mit meiner neoliberalen Reformagenda erfolgreich war.»

Woher kam eigentlich Thatchers resoluter Redestil, woher be-
zog sie ihr starkes Sendungs- und Selbstbewusstsein? Schon als
Kultur- und Wissenschaftsministerin hatte sie zwischen 1970 und
1974 unter dem konservativen Premierminister Edward Heath
eine Lektion gelernt, die sie als Regierungschefin später in prak-
tische Politik ummünzte. Heath hatte in seinem Wahlkampf einen wirtschaftsliberalen Kurs versprochen und als Motto seiner
Reformpolitik ausgegeben: «Bisher gab es ein Zuviel an Regierung: künftig wird es ein Weniger geben.»[10] Diese Ankündigung
lief auf eine Politik der Deregulierung und einen Abbau von
staatlichen Interventionen und staatlicher Steuerung hinaus.
Doch fielen auch Heath und seine Minister – wie danach die
Labour-Regierung unter Callaghan – der krisenhaften Weltwirt-
schaft in den 1970ern zum Opfer. Das internationale Währungs-
und Finanzsystem von Bretton Woods stand damals kurz vor
dem Zusammenbruch und wurde bereits notorisch unterlaufen.
Infolgedessen geriet auch das britische Pfund Sterling immer
stärker unter Druck, zumal die Rohstoffpreise im Zuge der ersten Ölkrise astronomische Höhen erreichten.[11] Nach kurzer Zeit
wollte Heath von seinem Reformprogramm nicht mehr viel wissen und verpflichtete sein Kabinett wieder auf eine regulative
Einkommenspolitik und weitere Staatsinterventionen, mit denen
er der Nachkriegspolitik der Labour-Partei in nichts nachstand.
Anstatt – wie großspurig angekündigt – die «lahmen Enten» der
britischen Wirtschaft absaufen zu lassen, verstaatlichten die Tories zum Beispiel 1971 den Automobilhersteller Rolls-Royce und
1972 die Upper Clyde Shipbuilders[12], bevor sie noch im gleichen
Jahr beschlossen, mit einem riesigen Fonds angeschlagene Fir-
men in großem Stil vor dem Bankrott zu retten.[13] Der vor wenigen Jahren verstorbene, ultralinke Labour-Politiker Tony Benn

bedankte sich deshalb einmal spöttisch bei den Tories für deren sozialistische Pionierarbeit.[14]

1974 kam dann also wieder die Labour-Partei unter Premierminister James Callaghan an die Macht, und ein Jahr später errang Thatcher in einer Kampfabstimmung den Parteivorsitz der Konservativen. Schon mal vorweg: Auch eine andere konservative TINA-Rhetorikerin namens Angela Merkel suchte 1999 die offene Konfrontation mit ihrem Mentor und politischen Ziehvater Helmut Kohl – allerdings nur in einer überregionalen Tageszeitung, als der abgewählte Einheitskanzler innerparteilich sowieso schon keine Rolle mehr spielte.

Thatcher hatte gelernt, dass Lavieren und Einknicken politisch schaden kann. Dank ihrer Erfahrungen als Ministerin suchte sie nach ihrem Wahlsieg vom Mai 1979 nach einer Strategie der klaren Botschaften, hinter denen sie politische Wendemanöver, kabinettsinterne Streitigkeiten und eigene Unsicherheiten kaschieren konnte. Die «Eiserne Lady» verkaufte ihre Politik von Anbeginn als alternativlos, standfest und krisenresistent, indem sie ihre Ansichten mit dem gesunden Menschenverstand, dem *common sense,* gleichsetzte. Besonders deutlich wird das zum Beispiel in einer Parteitagsrede aus dem Jahr 1981, in der sie den «gesunden Menschenverstand eines Volkes» lobte, «das weiß, dass man sich anstrengen muss, um erfolgreich zu sein»[15]. Wenn sich Politiker, so argumentierte Thatcher, an dieser unausgesprochenen Übereinkunft aller halbwegs vernünftigen Bürger orientierten, kämen sie gar nicht umhin, von ihren überbordenden Steuerungsfantasien und politischen Allmachtansprüchen abzulassen.

Vor allem der Linksruck der oppositionellen Labour-Partei Mitte der 1980er war für Thatcher ein gefundenes Fressen. Die mühsam privatisierten Unternehmen wieder verstaatlichen, ein weitreichendes staatliches Konjunkturprogramm auflegen und sich vom Weltmarkt abkoppeln? Ein Programm, das geradewegs zurück in die Vergangenheit führte? Nicht mit ihr![16] Thatcher setzte auf den Markt. Die Flexibilisierung des Arbeitsmarkts würde die Konjunktur auf Dauer schon ankurbeln. Schon die Unterhauswahlen von 1979 hatten in ihren Augen einer Wahl «zwischen Weisheit und Wahnsinn» geglichen.[17] Ihre linken Antipoden wie Tony Benn erklärte die selbsternannte «Überzeugungstäterin» («conviction politician»)[18] kurzerhand für unzurechnungsfähig. Zur politisch-ökonomischen Liberalisierung des Landes – die letztlich aus allgemein gültigen, für jedermann nachvollziehbaren rationalen und moralischen Prinzipien abgeleitet werden könne – gebe es keine Alternative. Ihre politischen Instinkte und ihr Bauchgefühl waren vor Trugschlüssen gefeit, erklärte Thatcher der Sunday Times gut ein Jahr nach Übernahme der Regierungsgeschäfte im Juli 1980: «Tief in ihren Instinkten finden die Leute das, was ich sage und mache, richtig. Und ich weiß das genau, weil man ein Gespür dafür entwickelt, wenn man, wie ich, in einer Kleinstadt groß geworden ist. Wir kannten alle, wir wussten, was die Leute dachten. Ich halte mich für eine ganz normale, gewöhnliche Person, mit all den richtigen instinktiven Antennen.»[19] Mit solchen Sätzen verfing Thatcher auch beim ressentimentgeladenen Kleinbürgertum und dem von Abstiegsängsten geplagten Mittelstand. Die «kleinen» und «anständigen» Leute hatten nach solchen Äußerungen das Gefühl, dass nun eine von ihnen an der Macht war. Thatcher regierte folglich mit einer kongenialen Mischung aus Populismus und neoliberaler Anbiederung an das kapitalistische Establishment. Von ihr können sogar noch heutige Rechtspopulisten eine Menge lernen.

Der Thatcherismus war folglich eine Form der politischen Repräsentation, die vor allem aus der vielbeschworenen Mitte – und das heißt eigentlich immer: aus den Untiefen – der britischen Gesellschaft legitimiert wurde. Thatchers politische Rhetorik beruhte, um noch einmal mit dem Politikwissenschaftler Claus Offe zu sprechen, auf der «Reklamation politisch relevanter Gewissheiten, existenzieller Befindlichkeiten und Selbstverständlichkeiten nationaler, moralischer oder ökonomischer Art», die «im unvermittelten Alltagsbewusstsein der Masse der Bevölkerung bereits unverfälscht zutage» gelegen «und deshalb der öffentlichen Erörterung und Begründung nicht»[20] bedurft hätten. Um ihre neoliberale Reformpolitik plausibel zu machen, bediente sich die Premierministerin auch vermeintlich selbsterklärender Metaphern und Bilder aus dem Alltagsleben. Thatcher behauptete etwa, bei einer Regierung komme es genauso wie bei einer ganz normalen Familie auf die richtige Haushaltsführung an.[21] Diese schiefe Analogie zwischen Staats- und Privathaushalt lebt im politischen Diskurs bis heute fort: War es im Großbritannien Thatchers noch die vernünftige Krämerstochter, so muss in der Bundesrepublik seit Jahren die «schwäbische Hausfrau» als mythische Figur ökonomischen Sachverstands herhalten. Dass solche Vergleiche volkswirtschaftliche Zusammenhänge eher verdunkeln als aufklären, werden wir noch an anderer Stelle diskutieren.

Zwar hat der Premierminister im politischen System Großbritanniens per se große Machtspielräume. Viel weniger als in der deutschen Verhandlungsdemokratie muss er sich bei seinen Entscheidungen mit anderen Instanzen abstimmen, sich etwa mit seinen Ministern koordinieren oder allzu häufig das Veto einer zweiten Kammer fürchten. Trotz ihrer eh schon weitreichenden Befugnisse lässt sich im Hinblick auf Thatcher mit Fug und Recht behaupten, dass sie ihr mächtiges Amt überdehnte und die klassische britische Parlamentssouveränität torpedierte, indem sie regelmäßig an ihrem eigenen Kabinett und dem Parlament vorbeiregierte. Die «Eiserne Lady» rief zum Beispiel kurzfristig Arbeitsgruppen ins Leben, um ihre Minister zu umgehen,[22] besetzte strategisch Kabinettsausschüsse, um mit deren Beschlüssen wiederum ihr eigenes Kabinett zu disziplinieren. Betroffene Or-

ganisationen und Institutionen wurden vor Entscheidungen selten bis nie konsultiert. Im Laufe ihrer Regierungszeit tauschte
Thatcher missliebige Minister gegen Gefolgsmänner aus und bildete eine politisch konforme Clique. Dieses Vorgehen nennen die
Briten mit ihrem unnachahmlichen Understatement bis heute:
«*streamlining the cabinet*».

Mit anderen Worten: Thatchers Regierungsstil erinnerte pha-
senweise an eine plebiszitäre Präsidialdemokratie, in der jeder
Akteur, der sich zwischen die Regierungschefin und das Wahlvolk
zu stellen wagte, aggressiv als Feind markiert wurde. Deshalb
reicherte Thatcher ihre Sprache auch regelmäßig mit Kampfes-
und Kriegsmetaphern – etwa mit Sprachbildern aus dem Box-
sport – an, um den Eindruck eines permanenten Konflikt-
zustands zwischen ihr, der einzig wahren Repräsentantin des
Volkswillens, und ihren Gegnern zu erwecken. In ihren Memoi-
ren sprach sie in Anlehnung an Winston Churchills berühmte
Kriegsrede aus dem Jahr 1940 sogar von einem «second battle of
Britain».[23] Da musste man auch einmal bereit sein, ein paar Hiebe
einzustecken. Auf einem Parteitag Mitte der 1980er erklärte
Thatcher, dass sie ein politisches Debattenklima bevorzuge, in
der «kein Faustschlag zurückgehalten»[24] werde. Die britischen
Politiker «boxen» also. Das entspricht dem konfrontativen Poli-
tikmodell des sogenannten Westminster-Parlamentarismus. Im
House of Commons sitzen sich Regierung und Opposition direkt
gegenüber – das fördert eine Kultur des direkten Schlagabtauschs.
Die deutschen Abgeordneten sitzen hingegen im Bundestag in einer lila Sitzgruppe im Halbkreis. Statt wenigstens ab und zu noch
für Sternstunden der parlamentarischen Auseinandersetzung zu
sorgen, lässt die deutsche Regierung – anders als ihr Pendant im
britischen Unterhaus – selbst in den parlamentarischen Frage-
stunden, in denen alle Abgeordnete um Stellungnahmen und
Aufklärung bitten können, ihre Antworten noch von Ministeri-

umsmitarbeitern vom Blatt ablesen. Nicht spontanes Reaktions-vermögen, Eloquenz und Konfliktfreudigkeit werden belohnt, sondern spröde Korrektheit und zähe Hartnäckigkeit.[25]

So passt es auch ins Bild, dass deutsche Politiker viel lieber ihre sportliche Ausdauer bemühen. Politik gilt bei uns vorwiegend als das berühmte «Bohren dicker Bretter» (Max Weber). Der glücklose SPD-Kanzlerkandidat Martin Schulz betonte in sei-nem Wahlkampf gerne, Politik sei ein «Langstreckenlauf, kein Sprint».[26] Die Welt der Metaphern sagt allein schon vieles über politische Kulturen aus.

Thatcher inszenierte sich hingegen als *toughe* Premierminis-terin und Gegnerin einer «Politik der Schonung» – wie Dirk Kurbjuweit im Gegenzug Angela Merkels Politikstil bezeich-nete.[27] Thatchers TINA-Rhetorik war stets ein Instrument, um die Labour-Partei zu brüskieren[28] und parteiinterne Gegner als Weichlinge zu brandmarken, bevor sie anschließend entmachtet wurden. Ihre Gegner nannte sie abschätzig «Schlappschwänze» («*wets*»). Die stets adrett gekleidete Krämerstochter aus der Kleinstadt zündelte und polarisierte. Ihr konfrontativer Sound der Macht lässt Parallelen zur politischen Vulgärsprache Trumps erkennen. Eines der eindrücklichsten Beispiele für Thatchers resoluten Regierungsstil war die brutale Niederschlagung der Gewerkschaftsproteste und Streiks der Bergarbeiter 1984/1985. Als die Bergleute ihren Arbeitskampf gegen die Schließung und Privatisierung von unrentabel gewordenen Zechen aufnahmen, sprach Thatcher postwendend vom «Feind im Inneren» («enemy within»).[29] Wie im Bürgerkrieg mussten sich die Briten damals fühlen – es gab reihenweise Massenschlägereien mit der Polizei, zahlreiche Verletzte und sogar mehrere Tote. Am Ende gaben die Streikenden auf. Thatcher hatte gesiegt. Bis heute hat der ge-scheiterte Streik Symbolcharakter, weil er für den endgültigen Sieg des Neoliberalismus steht.

Thatcher war zeitlebens von der Richtigkeit ihrer «Schlacht um Großbritannien» («Battle for Britain») überzeugt. 1983 erklärte sie: «Wir haben einen wahren Kurs eingeschlagen – ein Kurs, der richtig ist für die Seele Britanniens, richtig für das Volk Britanniens und richtig für die Zukunft Britanniens.»[30] Nun kann man ihr schlecht einen Vorwurf daraus machen, dass sie von ihrer Politik überzeugt war. Auch die liberale Demokratie lebt von harten politischen Auseinandersetzungen, und es gehört unter Berufspolitikern zweifellos zum guten Ton, sich gegenseitig zu attackieren, für unvernünftig oder anachronistisch zu erklären. Es ist jedoch ein schmaler Grat zwischen einer lebendigen demokratischen Debattenkultur und einem vergifteten politischen Klima der Feindschaft. Wir müssen wollen, dass politische Gegner mit harten Bandagen für ihre Überzeugungen eintreten. Wir sollten aber misstrauisch werden, wenn die Herrschenden jegliche Form parlamentarischer oder zivilgesellschaftlicher Opposition mundtot machen wollen. Dann schlägt liberale zunehmend in autoritäre Demokratie um. Thatcher wertete ihre Gegner als irrationale und ideologisch verblendete Feinde ab. Diese Herabsetzung des politischen Widersachers konterkariert das Funktionsprinzip des politischen Pluralismus: ideologische Vielfalt. In der liberalen Demokratie gibt es keine exklusive Richtigkeit, keine politisch-moralische Wahrheit, sondern immer nur konkurrierende Konzepte, Entwürfe und Ideen, um die in harten Auseinandersetzungen gestritten werden muss. Sobald aber jemand die Alternativlosigkeit seiner Politik behauptet, ist etwas faul.

Es gibt folglich gute Gründe dafür, dass bis heute kein britischer Premierminister so verhasst ist wie die «Eiserne Lady». Stets enden unverfängliche Smalltalks zwischen Pub-Bekanntschaften in England in Zornesausbrüchen und politischen Hasstiraden, sobald nur ihr Name fällt. Zwar hat Thatcher versucht, ihre Entscheidungen mit einem vermeintlich unbestreitbaren gesunden Menschenverstand zu rechtfertigen; weil dieser jedoch gar nicht existieren kann, sondern in ihrem Fall nur der Durchsetzung eines exklusiven neoliberalen Politikmodells diente, musste sie dabei derart aggressiv und penetrant auftreten, dass die tiefen Gräben innerhalb der britischen Gesellschaft auf Dauer nur noch größer wurden. Der gesunde Menschenverstand und die neokonservative Deutung der politischen Kultur und Geschichte Großbritanniens – die Vorstellung einer historisch gewachsenen *Britishness* – gingen in Thatchers Rhetorik eine regelrechte Mesalliance mit dem Neoliberalismus ein. Alle, die auf diesem Weg nicht mitzogen, wurden aus der Traditions- und Sinngeschichte der britischen Gesellschaft ausgeschlossen. Sie selbst lehnte noch das kleinste Zugeständnis an ihre Gegner ab; sie war «für kein Wendemanöver zu haben»[31]. Der Adressat ihres politischen Konservatismus war der mittelständische Kleinbürger mit seiner beschränkten Weltsicht: «Ich sehe Britannien als Land mit einem gänzlich Mittelklasse-basierten Ansatz.»[32] Einerseits rückte Thatcher die Idee individueller Verantwortung dabei ins Zentrum ihrer Politik; andererseits enthielt ihre Rede von der Alternativlosigkeit, die sie zur Verbreitung dieses individualistischen Dogmas einsetzte, paternalistische Züge. Der moralische Autoritarismus ihres gesunden Menschenverstands sollte die politische Debatte letztlich überflüssig machen. Dadurch unterminierte sie die Idee individueller Verantwortung, deren Verbreitung sie sich eigentlich auf die Fahnen geschrieben hatte, jedoch im Kern.

Eine wichtige Botschaft von Thatchers aggressiver Rhetorik war, dass sie auch politischen Gegenwind und Popularitätsverluste in Kauf nehmen würde, um ihre langfristigen Politikziele zu erreichen. Den Slogan von der Alternativlosigkeit nutzte sie etwa auch dazu, ihr Land auf drastische Einschnitte und vorübergehende Wohlstandseinbußen vorzubereiten. Nach Jahren des kontinuierlichen Lohnzuwachses sei es schlicht alternativlos gewesen, «Einbußen im Lebensstandard hinzunehmen, um Investitionen und Beschäftigungen voranzubringen».[33] Thatcher rechnete sich zu der kleinen Schar von Politikern, die notfalls auch die unangenehme Wahrheit aussprächen, und zeichnete von sich das Bild einer bisweilen zwar nervigen, dafür aber beharrlichen und authentischen Überzeugungstäterin: «Die meiste Zeit in meinem Leben lautete der größte Vorwurf an Politiker, sie schreckten immer dann vor der Wahrheit zurück, wenn sie unangenehm ist oder zu Streit führt; [...] früh in meiner Karriere habe ich beschlossen, dass ich diesen Fehler nicht begehen würde. Meine schärfsten Kritiker werden mir vielleicht beipflichten, dass ich diesem bescheidenen Vorsatz Taten habe folgen lassen.»[34]

Zwischen Skylla und Charybdis:
Oder warum manche in Zeiten Angela Merkels
selbst Margaret Thatcher vermissen ...

Die andere große TINA-Rhetorikerin unserer Tage – die deutsche Bundeskanzlerin Angela Merkel – ist nun Thatchers genaues Gegenteil. Schon vor den Turbulenzen auf den Finanzmärkten von 2007/2008 und vor der europäischen Staatsverschuldungskrise gebrauchte die deutsche Kanzlerin mehrfach die Formel von der Alternativlosigkeit, um politische Entscheidungen ihrer Regierung zu rechtfertigen. 2007 ließ sie etwa verlauten: «Die Rente mit 67 ist natürlich alternativlos.»[35] Dieses Beispiel zeigt bereits, dass die TINA-Rhetorik den Schein einer unverrückbaren und apodiktischen Position erzeugen will. Doch spätestens mit der Diskussion um die Rentenreform von Andrea Nahles in der Legislaturperiode der Großen Koalition von 2013–2017 wurde wieder über die Rente, das heißt über Abschläge, Eintrittsalter und Finanzierungssäulen gestritten. Vor allem in Zeiten der europäischen Finanz- und Wirtschaftskrise wurde der TINA-Slogan zu einer öffentlich skandalisierten rhetorischen Allzweckwaffe, mit der Kritik und andere politische Optionen vom Tisch gewischt wurden. Angela Merkel und ihr Finanzminister Wolfgang Schäuble – ebenfalls ein TINA-Rhetoriker erster Güte – bezeichneten die Bereitstellung finanzieller Mittel zur Abwendung des drohenden Ausscheidens von Griechenland aus der Eurozone, des sogenannten Grexits, als schlichtweg alternativlos.[36] Merkel formulierte es in ihrer Regierungserklärung vom Mai 2010 so:

«Bringen wir es auf den Punkt. Der Euro, der zusammen mit dem Binnenmarkt das Fundament für Wachstum und Wohlstand auch in Deutschland darstellt, ist in Gefahr. Wenden wir diese Gefahr nicht ab, dann sind die Folgen für Europa unabsehbar, und dann sind auch die Folgen über Europa hinaus unabsehbar. Eine Ahnung von dem, was dann geschehen könnte, haben wir am Donnerstagabend vor unserer Griechenland-Debatte mit den schon fast hysterisch anmutenden Turbulenzen auf den internationalen Märkten bekommen.

Was dort sichtbar wurde – Sie alle haben es mitverfolgt –, war dramatisch. Deshalb gab es zur Sicherung der Stabilität des gesamten Euro-Finanzsystems wenige Tage später keine vernünftige Alternative. Die Ultima Ratio war erreicht; das heißt nichts anderes, als dass der Euro insgesamt in Gefahr war.»[37]

Die Kanzlerin knüpfte den Wohlstand in Europa apodiktisch an einen einzigen Faktor: Währungsstabilität. Es galt schließlich die Losung: «Scheitert der Euro, dann scheitert Europa.» Und wer will schon scheitern? Insbesondere die Eurokrise und die Rhetorik des Krisenmanagements machen uns auf ein Problem kommunikativer Vermittlung, womöglich gar auf ein Versagen der politischen Sprache der Bundesregierung aufmerksam: Während ihr im Ausland bis heute ein knallhartes Verhandeln zugunsten eigener Interessen attestiert wird, glaubt ein Großteil der deutschen Bürger, dass die europäische Rettungspolitik genau ihren eigenen Interessen zuwiderlief – und das, obwohl auch deutsche Banken (und deutsche Spareinlagen) gerettet wurden.

Jenseits der Eurokrise war und bleibt Merkels Rede von der Alternativlosigkeit ein Symptom ihres Politikstils. Mit der TINA-Formel «bearbeitete» die Bundeskanzlerin im Laufe der Zeit die unterschiedlichsten Politikfelder und gesellschaftlichen Themen. Dabei machte sie auch von verwandten Begriffen wie «unabdingbar» und «unumgänglich» Gebrauch.[38] Die von der schwarzgelben Koalition im Zuge der Krise verursachte hohe Neuverschuldung sei zum Beispiel «unumgänglich» gewesen.[39] 2017 galt die bessere Bezahlung von Pflegekräften plötzlich als «unumgänglich», da die bisherige unangemessen gewesen sei.[40] «Unumgänglich» kann also einiges werden, das vorher noch als gesellschaftliche Realität hingenommen wurde. Niemand attestiert Merkel heute noch die strenge neoliberale Agenda, die sie auf dem Leipziger Parteitag 2003 in der Rolle der Oppositionsführerin eingeschlagen hatte. Damals hatte sie in der Manier Thatchers gerufen: «Die Alternativen sind: weiter herumdoktern und sich über die Zeit retten oder den Befreiungsschlag wagen. Ich wähle den zweiten Weg.»[41] Damals hatte sie sich noch vollmundig gegen einen Linksruck der CDU verwehrt. Doch Merkels Agenda und Rhetorik folgen seit ihrem hauchdünnen Wahlsieg vom September 2005, der fast noch eine Niederlage geworden wäre, einem anderen Muster. Merkel hat damals verstanden, dass die Deutschen anders ticken als die Briten. So ist sie zu unserer Dauerbundeskanzlerin geworden.

Die entscheidende Frage lautet: Steht Merkels Rede von Alternativlosigkeit zu ihren tatsächlichen Wendemanövern im Widerspruch? Ist die Floskel von der Alternativlosigkeit bei Merkel unglaubwürdig, weil die deutsche Kanzlerin einen opportunistischen Regierungsstil pflegt? Schließlich dominieren die kritischen Stimmen, die Merkels erfolgreiche Machtkonsolidierung auf eine strategisch-ideologische Uneindeutigkeit zurückführen.[42] Merkel demobilisiert sozialdemokratische Wähler durch Themenklau; zugleich wurden Konservative unter ihrer Ägide politisch heimatlos. Ihre politische Agenda machte alles andere als einen ideologisch kohärenten Eindruck: In ihrer Amtszeit kam es zum Beispiel zur Aussetzung der Wehrpflicht, zum Ausstieg aus der Atomenergie nach dem Reaktorunglück in Fukushima, zum Bailout Griechenlands, zur Erarbeitung und Verabschiedung einer PKW-Maut trotz gegenteiliger Wahlkampfansage, zum Mindestlohn, zur kurzzeitigen Öffnung deutscher Grenzen für Flüchtlinge und Migranten – und zur Ehe für alle.

Gerade das letzte Beispiel ist erhellend: Obwohl seit Jahren im Rahmen von Anträgen anderer Parteien (vornehmlich der Grünen) zugunsten einer Gesetzesänderung zur Gleichstellung homosexueller Partnerschaften genügend Argumente für und wider ausgetauscht worden waren, gab sich die Union 2017 völlig überrascht und überrumpelt von Merkels Vorstoß. Noch schnell vor der parlamentarischen Sommerpause führte der Koalitionspartner SPD mit Mehrheit der Oppositionsparteien eine Abstimmung über die «Ehe für alle» herbei, um das Thema für den Wahlkampf abzuräumen. Mal wieder wurde eine Entscheidung mit gesellschaftspolitischer Bedeutung zum Objekt strategischer Ränkespiele. In diesem Fall überrumpelte Angela Merkel ihre eigene Partei durch ein Interview bei einer Veranstaltung der Frauenzeitschrift «Brigitte», in dem sie erklärte, sie wünsche sich eine Diskussion, die «eher in Richtung einer Gewissensentscheidung geht», statt durch Mehrheitsentscheidung und Fraktionsdisziplin diese gesellschaftspolitische Grundsatzfrage «durchzupauken».[43] Bei der Abstimmung im Bundestag votierte die Bundeskanzlerin dann gegen den Gesetzesentwurf – auf Nachfrage erklärte sie:

«Für mich ist die Ehe die Ehe von Mann und Frau. Deswegen habe ich dem Gesetzesentwurf heute nicht zugestimmt.»[44] Eine längere, genauere Begründung der eigenen Position erfolgte nicht. Warum hält sie die Ehe für ein exklusives Gut heterosexueller Paare? Auf welcher Grundlage steht ihr Eheverständnis? Entspricht ihr Votum einer «Gewissensentscheidung» – oder handelt es sich vielmehr um eine programmatische, ideologische Position, nämlich die einer christlichen, konservativen Politikerin?

Es scheint zunehmend so, als würden zahlreiche Konservative – mit Ausnahme einiger CSU-Politiker – gar nicht mehr um die Grundlagen ihrer Position wissen oder diese zumindest nicht mehr offenlegen wollen. Der bundesrepublikanische Konservatismus ist in der Merkel-Ära sprachlos geworden. Seine Vertreter haben verlernt, die eigene konservative Position in einer verfassungsmäßig legitimen, auf den Schutz von Minderheiten Rücksicht nehmenden politischen Sprache vorzutragen. Konservative Politiker wie Angela Merkel finden keine eigene Sprache für ihren gesellschaftspolitischen Standpunkt mehr. Als Folge verfallen sie entweder in argumentative Schockstarre und verzichten aus Angst, für ihre Position angegriffen zu werden, auf jede Begründung – oder sie stilisieren die eigene «Meinung» zur verfemten Minderheitenposition, die man ja kaum mehr sagen dürfe, und schlüpfen in die moralisierende Rolle des Diskursopfers. Andere Konservative hingegen übernehmen in ihrer Kritik den chauvinistischen, homophoben und sexistischen Tenor der «Anti-Genderismus»-Aktivisten, die vor allem in der AfD beheimatet sind. Aber die Christdemokraten sollten sich schleunigst auf die Suche machen nach einer Sprache für ihre konservativen Positionen, in der sie weder aggressiv gegen Minderheiten hetzen noch die eigene Position als «alternativlos» dekretieren oder zum *common sense* adeln. Ansonsten gehört das christdemokratische Zeitalter schon bald der Vergangenheit an.[45]

Bei der «Ehe für alle» gewannen all jene Wähler, die sich nicht mehr an die zahlreichen Debatten zum Thema erinnern konnten, auf ein Neues den Eindruck, dass die deutsche Bundeskanzlerin Politik über die Köpfe ihrer eigenen Regierungsfraktion, ihrer Partei und ihrer Wähler hinweg betreibe, ohne Entscheidungen hinreichend zu begründen oder zu erläutern. Angela Merkel führt keine öffentlichen oder öffentlich sichtbaren Debatten, stößt keine Diskussionen an und entwirft keine Idee einer wünschenswerten Gesellschaft. Sie benennt keine Argumente, kein Für und Wider ihrer jeweiligen Position, sondern verbleibt im Vagen oder zerstückelt Probleme in kleine, unpolitisch wirkende Einheiten. Im konservativen Magazin «Cicero» nannte Alexander Kissler sie die «Mikado-Kanzlerin», die «im Reagieren ihr Heil» suche, «um nicht für falsche Aktionen haftbar gemacht zu werden».[46]

Die Kanzlerin argumentiert weniger, als dass sie resümiert. Sie fasst vorherige Debatten mit ihren mal apodiktischen, mal vagen Formulierungen mehr schlecht als recht zusammen. Sobald Themen, die die Gesellschaft bewegen und von anderen Politikern bereits aufgegriffen worden sind, sich als dringlich herausstellen, kommentiert sie das Geschehen mit einer abschließenden Sentenz, mit einer Feststellung – wie etwa, dass eine getroffene Entscheidung wie im Falle des griechischen Bailouts «alternativlos» sei. Erst wenn ihre Sprachlosigkeit den Bürgern als dröhnendes Schweigen auffällt, reagiert sie mit öffentlichen Statements. Beispiele für dieses kommunikative Aussitzen boten die letzten Jahre reichlich; so verurteilte Angela Merkel spät etwa die illegalen Machenschaften des amerikanischen Geheimdienstes, rechte Ausschreitungen oder antisemitische Übergriffe. Es scheint so, als müsste sich Merkel erst sicher sein, auf der richtigen Seite der Geschichte zu stehen.

Sie pflegt keinen offenen Umgang mit Verhandlungs- und Kompromissergebnissen, sie erklärt nichts. Aus diesem Grund wird ihr bisweilen auch ein «präsidialer Stil» vorgeworfen. Problematisch ist vor allem das damit verbundene, oder besser: das darin fehlende, Verständnis von Demokratie. Die Politikwissenschaftlerin und ehemalige Bundespräsidentschaftskandidatin Gesine Schwan hat bei Merkel die Strategie erkannt, «ihre Konzepte, das was sie tut, das was sie sagt, so anzulegen, dass sie das Gefühl hat, eine Mehrheit der deutschen Bevölkerung findet das so gut. [...] Manche sagen, sie versucht die Opportunitäten, also die Gelegenheiten zu nutzen.»[47] In Merkels Demokratieverständnis kämen hingegen «so etwas wie öffentliche Debatten über Alternativen nicht»[48] vor. Statt für politische bzw. parlamentarische Auseinandersetzungen einzutreten, Konflikte offen auszutragen, proaktiv zu handeln und Politik als Gestaltungsauftrag zu begreifen, ist sie auch nach Meinung des inzwischen verstorbenen Soziologen Ulrich Beck Protagonistin eines «Merkiavellismus»,[49] also einer modernen Variante von Machiavellis Vorstellung ruchloser politischer Führung. Merkel nutze den Moment der Handlungsverweigerung und Verzögerung in machtpolitischer Absicht – sie betreibt demnach ein politisches Gelegenheitsmanagement *par excellence*. Ihr Aussitzen und Durchwurschteln in Krisen wurde von Beck als «machtpokernde(s) Jein»[50] auf den Begriff gebracht. Ihr Regierungsstil, so die allgemeine Kritik, ist ein halbtransparentes, reaktives Durchwurschteln.

Folgerichtig ist auch die Rede von der Alternativlosigkeit bei Angela Merkel kein Zeichen, keine rhetorische Strategie, um sich als «Überzeugungstäterin», als schonungslose, resolute Politikerin beziehungsweise «conviction politician» wie ehedem Margaret Thatcher zu inszenieren. Ihre TINA-Rhetorik ist nicht mit Thatchers Sprache gleichzusetzen. Nein, Merkels TINA-Rhetorik offenbart vielmehr die schon zitierte «Politik der Schonung».[51] Statt mit ihrer Handtasche wild zu wedeln oder sie auf den Tisch zu knallen, um ihre Standpunkte zu untermauern, sitzt Angela

Merkel Konflikte aus, wartet, bis Kritik von sich aus verstummt, Verhandlungspartner zu müde für Konfrontationen sind oder missliebige Minister oder Konkurrenten sich selbst desavouieren. Dann serviert sie diese ab. Statt den Wählern beispielsweise die Gründe für ihre Stimme gegen die «Ehe für alle» zu erläutern oder ihre handlungsrelevanten Werte klar zu benennen, verstummt sie – schließlich könnte es ja ungemütlich werden. Statt gegenüber der CSU ein Machtwort in der strittigen Flüchtlingsfrage zu sprechen, schont sie ihre Machtressourcen, nimmt selbst eine öffentliche Demütigung auf dem CSU-Parteitag Ende 2015 für das größere Ziel der Wiederwahl in Kauf und kooperiert weiterhin mit einem CSU-Chef und neuem Bundesinnenminister, der ihr einst einen großen Rechtsbruch vorwarf. Dass dieser schwelende Konflikt zwischen den Schwesterparteien irgendwann eskalieren musste, war zu erwarten.

Nun könnte man sich als deutscher Wähler zurücklehnen und einem «staatsbürgerlichen Privatismus»[52] frönen. Wir könnten uns aus der leidenschaftlichen Teilhabe am politischen Prozess ganz einfach zurückziehen. Politisches Desinteresse und Indifferenz können gemütlich sein – für den eh schon überlasteten Bürger, der zwischen Job, Familie, pflegebedürftigen Eltern, Steuererklärungen und körperlicher Ertüchtigung genug aufgerieben wird. Da verlässt man sich gerne auf eine Kanzlerin, die selbst in Krisenzeiten hochgradig umstrittene, folgenreiche und komplexe Entscheidungen mit knappen Alternativlosigkeitsfloskeln resümiert und einem damit kritisches Nachbohren erspart. Die 2013 in die Kamera sagt: «Sie kennen mich», und 2017 am Ende einer hitzigen Berliner Runde erklärt: «In der Ruhe liegt die Kraft». Verlassen wir uns doch einfach auf diese Pastorentochter, vertrauen wir dieser mütterlichen Autorität. Demokratie, Partizipation, Teilhabe, Engagement, Zeitung lesen kostet schließlich Zeit, Nerven und womöglich auch noch Geld. Die Kanzlerin wird es im Stillen schon richten, sie organisiert Lösungen für die unvorhersehbaren Konflikte und Krisen unserer Zeit.

Die deutsche Kanzlerin ist eine begnadete Technokratin – eine stille, beharrliche und effektive Problemlöserin. Es kann in politischen Krisenzeiten wertvoll sein, wenn Angela Merkel Ruhe, Stabilität und Ordnung ausstrahlt und die politischen Herausforderungen unaufgeregt angeht. Aber es ist ein Trugschluss, dass ihre Problemlösungen physikalische Meisterleistungen sind, wie der oftmals bemühte Vergleich zwischen ihrem vorherigen Wissenschaftlerdasein und ihrer Politkarriere nahelegen könnte. Stattdessen beherrscht Angela Merkel vor allem die Kunst des Vertagens und Wegmoderierens von Konflikten. So entsteht der Eindruck, Merkel sei die «Flüchtlingskanzlerin» und verbreite mit ihrem Slogan «Wir schaffen das» einen Optimismus, der im eklatanten Widerspruch zu den von ihrer Regierung verabschiedeten Asylpaketen steht. Angela Merkel ist keine «Flüchtlingskanzlerin», sondern hat in einer Ausnahmesituation ein humanitäres Krisenmanagement an den Tag gelegt. Dafür hat sie großen Respekt verdient. Aber danach hat sie sich eben nicht an ein progressives Einwanderungsgesetz gesetzt, das den Herausforderungen der Integration angesichts globaler Migrationsbewegungen gerecht wird, die Zuwanderung im Zeitalter internationalen Wettbewerbs um hochgebildete Arbeitnehmer regelt oder das veraltete deutsche Asylrecht modernisiert. Stattdessen wurden Rechte von Flüchtenden konsequent beschnitten, der Familiennachzug ausgesetzt und Deals mit autoritären Staaten geschlossen.[53] Manch einem aus den Reihen der linksliberalen neuen Merkel-Fans fiel das aufgrund der ausbleibenden Debatte gar nicht auf. Merkels «Türkei-Deal» löst zudem keineswegs das Problem der zunehmenden Migration und der fortdauernden Fluchtursachen. Für den bequemen deutschen Wähler wird das Problem nur in eine unsichtbare Sphäre verschoben. Wir externalisieren nicht nur unsere ökologischen, sondern auch unsere sozialen und politischen Probleme.[54]

Merkel ist keine begabte Vermittlerin politischer Probleme – sie wirkt *durch* ihre Rhetorik politisch blass, ihre politischen Überzeugungen verschwinden hinter einer vermeintlich ideologiefreien Anpassungsfähigkeit, hinter der Fassade einer politischen Strategin, die sich den Umständen anpasst und Gelegenheitsfenster nutzt. Angela Merkel beherrscht die Kunst der mitreißenden politischen Rede nicht, kann weder durch Pathos noch durch Ethos überzeugen. Merkels Politikstil soll die Gesellschaft entpolitisieren. Dadurch werden manchmal sogar Sehnsüchte nach einer politisierenden Thatcher geweckt.

Demokratische Politik ist auf Kommunikation und öffentliche Rechtfertigung angewiesen. Unsere Politiker sind Volksvertreter, sie repräsentieren die Interessen der Bevölkerung und müssen ihre Entscheidungen daher öffentlich begründen können. Gerade das politische System der Bundesrepublik kennt keine quasipräsidialen Anweisungen und Dekrete von oben, sondern basiert auf verhandlungsintensiven Koalitionen. Regierungsfraktionen, Koalitionspartner, Bund, Länder, Bundestag und Bundesrat müssen sich in vielen Entscheidungen entgegenkommen. Deutsche Politik ist Verhandlungssache – ständig müssen Aushandlungsprozesse geführt, Kompromisse gefunden werden. Eine solche mühselige politische Praxis steht im Gegensatz zu dem geschilderten britischen Modell des Parlamentarismus, in dem Premierminister über große Spielräume verfügen und der politische Konflikt – der konfrontative Wettstreit und Schlagabtausch – ja schon durch die Anordnung der Sitzbänke im Unterhaus sichtbar wird. Margaret Thatcher kalkulierte in ihrer aggressiven TINA-Rhetorik auch mit einer Verschärfung des Konflikts und Politisierungseffekten. Während sie ihr politisches Profil konfrontativ zu schärfen versuchte, setzt Angela Merkel auf die Verschleierung ihrer Überzeugungen. Thatcher redete von Alternativlosigkeit, um ihre politische Agenda zu unterstreichen und lieferte ihren Gegnern damit Angriffsfläche. Merkel redet von Alternativlosigkeit, weil Ereignisse wie die Krise der Eurozone sie einholen, und sie hofft, durch die Beschwörung von Sachzwängen unangreifbar zu werden.

Folgenreiches Durchwurschteln statt Basta-Politik

Angela Merkel ist in Deutschland kein rhetorischer Ausnahmefall. Auch Gerhard Schröder nutzte die Rede von der Alternativlosigkeit, um den Umbau des Sozialstaats, insbesondere die Zusammenlegung von Arbeitslosen- und Sozialhilfe in der Agenda 2010, durchzusetzen und seine «Basta-Politik» zu untermauern. Unter Gerhard Schröder, der seinen linken Kontrahenten Oskar Lafontaine bereits wenige Monate nach der Bundestagswahl 1998 aus dem Kabinett gedrängt hatte, verfolgten die Sozialdemokraten eine angebotsorientierte Wirtschaftspolitik: Steuersenkungen auf Unternehmensgewinne und Kapitaleinkommen, die Deregulierung des Arbeitsmarkts und der Aufbau einer disziplinierenden *Workfare*-Kultur sollten der damaligen Rezessionsdynamik entgegenwirken und den neuen «kranken Mann Europas» von der hohen Arbeitslosigkeit kurieren. Dabei schwankten die europäischen Sozialdemokraten in ihrer Rhetorik hin und her: zwischen Leidenschaft und Emphase einerseits und einem demonstrativen Pragmatismus andererseits. Man müsse sich an «objektiv veränderte Bedingungen anpassen», Ideologie dürfe nicht «einengen», sozialdemokratische Politik müsse sich den neuen Realitäten stellen und sich modernisieren.[55] Pragmatismus wurde zum modernen und fortschrittlichen Gegenstück einer überholten demokratisch-sozialistischen Ideologie stilisiert. Die Zeit der großen Utopien und politischen Alternativen sei unwiederbringlich zu Ende, lautete die Botschaft.

Doch auch zwischen dem «leidenschaftlichen Pragmatismus» der SPD unter Schröder und der heutigen TINA-Rhetorik von Angela Merkel existiert ein gewichtiger Unterschied: «‹Alternativlos› ist für die Naturwissenschaftlerin [Merkel] eine sachliche Feststellung, keine machtpolitische Drohung wie bei Gerhard Schröder, ihrem Vorgänger.»[56] Merkels TINA-Rhetorik dient strategischer Streitvermeidung, der Ausblendung von Konflikten. Sie stellt die eigene Ideologielosigkeit ohne großes hierarchisches Machtgetöse zur Schau. Bei Merkel werden das eigene Kabinett, die eigene Fraktion und der Koalitionspartner durch eine pragmatische Sachlichkeitsrhetorik diszipliniert. So wurde der TINA-Slogan «[...] das ‹Basta› der Merkel-Regierung».[57]

Im Gegensatz zum machtbesoffenen Gerhard Schröder verhüllt Merkel ihre Macht. Wenn die Bürger aber den Eindruck gewinnen, im Parlament und seinen Ausschüssen, in den Kabinettssitzungen und Fraktionen werde nicht länger über politische Optionen gestritten, kann das zu massiver politischer Unzufriedenheit führen. Die Wahrnehmung, durch Angela Merkels Rhetorik würden legitime Debatten, etwa über die europäische Krisenpolitik, abgewehrt und andere Optionen delegitimiert, verschaffte der Gründung der AfD überhaupt erst Plausibilität. Die neue Protestpartei gegen «das System» drängte – ganz nach der Funktionslogik populistischer Bewegungen – auf eine Öffnung des diskursiven Raums, des Sag- und Machbaren, und kam erst durch Merkels Rede von der Alternativlosigkeit zu ihrem kongenialen Parteinamen.

Deshalb ist es auch bezeichnend, dass Angela Merkel mittlerweile vor der Floskel «alternativlos» zurückschreckt. Dank deren häufiger Verwendung wurde sie zum «Unwort des Jahres 2010» gekürt. Mit dieser Negativauszeichnung hat die Jury

«Sprachkritische Aktion Unwort des Jahres» auf eine breite Diskussion über die Rhetorik der Alternativlosigkeit in den deutschen Feuilletons[58] und die anhaltende öffentliche Debatte über Angela Merkels Demokratie- und Politikverständnis reagiert. Angesichts der anhaltenden Diskussionen sah sich Merkels Pressesprecher Steffen Seibert dazu veranlasst, zu ihrem wiederholten Diktum Stellung zu beziehen, und erklärte: «Die Bundeskanzlerin hat im Sommerinterview darauf hingewiesen, dass sie den Begriff ‹alternativlos› nur selten – ich glaube, ein- oder zweimal, und das vor längerer Zeit – verwendet hat, dass er ihr aber weiterhin von Journalisten vorgehalten wird. Sie sagt, dass dies nicht Teil ihres Sprachgebrauchs ist.»[59] Diese Kehrtwende kam zu spät.

Die damalige Kritik, dass die Rede von der Alternativlosigkeit ein undemokratisches, technokratisches Politikverständnis verrate und die Politikverdrossenheit der Bürger fördere, machte schließlich auch den TINA-Rhetoriker Wolfgang Schäuble nachdenklich. In einem Interview verteidigte er seinen häufigen Verweis auf Alternativlosigkeit in der Krise der Eurozone als inhaltlich richtig, nahm jedoch eine selbstkritische Präzisierung vor und trug somit immerhin dem fatalen kommunikationspolitischen Effekt des neuen Unworts Rechnung: «Wenn man den Euro als eine stabile Währung verteidigen will, angesichts der nervösen Situation auf den Weltmärkten, dann ist das nach unserer gemeinsamen Überzeugung eine notwendige Entscheidung. Das kann man als alternativlos bezeichnen, aber viele ärgern sich ja über die ständige Verwendung dieses Wortes. Ich glaube, die Entscheidung ist notwendig, und sie ist richtig.»[60] Es hat lange gedauert, bis unsere Politiker den polarisierenden Effekt ihrer Rede von der Alternativlosigkeit verstanden haben. Mittlerweile halten sie sich in dieser Hinsicht merklich zurück. Aber sie haben auch noch andere Floskeln, um den demokratischen Prozess paternalistisch abzuwürgen. In der Sache bleibt es also beim Alten.

Kapitel 2

«Hausaufgaben machen»

Die toxischen Phrasen politischer Ökonomie

Es war ein heißer Freitagmittag, und kein Schüler der multilingualen Euro-Klasse der Brüsseler Gemeinschaftsschule hatte Lust auf den Mathe-Unterricht beim strengen Lehrer Dr. Schäuble. Da die südeuropäischen Schüler in der letzten Reihe nicht zuhörten, sondern von ihrer Frührente träumten, verdonnerte der Lehrer sie zu einer Strafarbeit: Hundert Mal mussten sie bis zum nächsten Klassenausflug nach Berlin Gleichungen aufstellen und ausrechnen. Stets musste das Ergebnis sein: die schwarze Null.

Die Szene wirkt auf den ersten Blick zwar wie alberne Politsatire, folgt aber einer Metapher, die in der politischen Sprache der Gegenwart omnipräsent ist. Immer wieder fordern Politiker wie der ehemalige Finanzminister Wolfgang Schäuble oder Bundeskanzlerin Angela Merkel andere dazu auf, ihre Hausaufgaben zu machen. So ließ Schäuble 2013 verlautbaren: «Die Regierung in Athen muss ihre Hausaufgaben machen, das kann den Griechen niemand abnehmen.»[1] Politik wird folglich zur Pädagogik, Politiker werden – je nachdem, in welcher Position sie sich befinden – zu Oberlehrern mit der Lizenz zum Maßregeln oder zu bemitleidenswerten Schülern, die für eine Klassenarbeit lernen müssen.

Die Verteilung von Hausaufgaben ist bekanntlich kein Akt zweier gleichberechtigter Partner, sondern einer hierarchischen

Beziehung. Der Lehrer will mit dem Unterrichtsstoff weiterkommen. Wenn seine Schüler ihrem wohlverstandenen Eigeninteresse zuwiderhandeln – wenn sie zu viel schwätzen und in der Sonne liegen, statt dem Unterricht aufmerksam zu lauschen und am Nachmittag zu pauken –, bleibt ihm als letztes Mittel die Strafarbeit. Schließlich steht der Lehrer ja auf der Seite der erwachsenen Vernunft. Er ist es, der seine Schüler paternalistisch daran erinnert, dass sie ihre «Verantwortung wahrnehmen» müssen – so Schäuble 2011.[2] Und Lehrer können notfalls wie Angela Merkel mit Sanktionen drohen: «Die Länder, die noch Hausaufgaben machen müssen, müssen klar beweisen, dass sie dies auch tun. […] Deutschland kann also sein Veto einlegen, wenn die Voraussetzungen für Hilfen nicht gegeben sind, und davon werde ich dann auch Gebrauch machen.»[3] Wenn die Voraussetzungen nicht erfüllt sind, ist die Versetzung gefährdet.

In der Brüsseler Gemeinschaftsschule ist längst klar, was die Floskel der Hausaufgaben konkret bedeutet und wer sich als europäischer Lehrmeister inszeniert. Aus deutscher Perspektive bedeutet nämlich eine pflichtbewusste Erfüllung von Hausaufgaben rigide Haushaltssanierung, Sparen und eine angebotsorientierte Wirtschaftspolitik. Doch wie man in der Krise der Eurozone erkennen konnte, treffen hier mindestens zwei unterschiedliche Klassen aufeinander, die in den letzten Jahrzehnten einen anderen Wirtschaftsunterricht und andere Lehrer hatten. Sie haben unterschiedliche Wachstumsmodelle gelernt und sind doch in der Währungsunion aufeinander angewiesen. Und sie sprechen bisweilen andere Sprachen. Anders als es der autoritäre Unterricht von Dr. Schäuble lehrt, müssen wir uns diese verschiedenen nationalen Geschichten und Hintergründe bewusstmachen. Wir müssen verstehen, warum die verbreitete Wahrnehmung, die europäischen Partner wollten nur das Geld des deutschen Steuerzahlers einstreichen, ein Narrativ ist, das sich aus einer einseitigen politischen Kommunikation ableiten lässt: aus dem alten Sound der Macht und den toxischen Phrasen der politischen Ökonomie.

Während die einen glauben, Deutschland werde in Europa über den Tisch gezogen, steht die Krisenpolitik der Bundesregierung aus Sicht der anderen für wiedererwachte Hegemonialansprüche. Griechische Zeitungen druckten immer wieder Karikaturen und Fotomontagen Angela Merkels und Wolfgang Schäubles in Nazi-Uniformen. Als die Bundesregierung 2012 einen Sparkommissar zur Haushaltskontrolle in Athen forderte, der die dortige Sparpolitik kontrollieren sollte, attestierten griechische Minister den deutschen Politikern eine «krankhafte Fantasie». [4] Und bei einem Besuch Merkels in Athen durfte sie auf den Plakaten von Demonstranten lesen: «Nein zum Vierten Reich» oder «Sie sind nicht willkommen, Imperialisten raus».[5] Die deutsche Krisenpolitik sorgte für viel Unmut und Zündstoff in Europa.

Hierzulande wird der Kanzlerin allerdings die schon zitierte «Politik der Schonung»[6] vorgeworfen. Weil sie im Bundestagswahlkampf jeder kontroversen Debatte gekonnt auswich, bezeichnete ein verzweifelter Martin Schulz Angela Merkels Politikstil sogar als «Anschlag auf die Demokratie».[7] Ausgerechnet die «Lethargokratin» Merkel hat die Konflikte in Europa angeheizt und ein Feuer der Politisierung entfacht. Wir müssen uns die Krise in der Eurozone noch einmal vor Augen führen, um uns darüber Klarheit zu verschaffen, wie das Kommunikationsdesaster der Merkelschen Krisenpolitik dem Aufstieg des europafeindlichen Populismus und dem Aufstand gegen die etablierte Politik Aufwind verschafft hat. Fakt ist: Die Politik von gestern sorgt bis heute für innereuropäische Spannungen und erschwert multilaterale Verhandlungen und Problemlösungen.

In der Eurozone existieren verschiedene Wachstumsmodelle

und wirtschaftspolitische Philosophien. Alle wirtschaftspolitischen Steuerungsversuche müssen zwischen einem aktivistischen
Regierungsverständnis einerseits und der Forderung nach einem
zurückhaltenden Staat andererseits moderieren. Während der
Lehrer Deutschland als «Exportweltmeister» bis heute auf
Handelsüberschüsse setzt, beruht die Wirtschaftspolitik der vermeintlich undisziplinierten europäischen Problemschüler bisher
auf Import von Waren. Vor der Einführung des Euro konnten
Letztere ihre Währungen dank flexibler Währungskurse regelmäßig abwerten und damit Probleme ihrer Handelsbilanzen und
wirtschaftliche Verzerrungen ausgleichen. Wenn es kriselte, hätten sich die Regierungen in Paris und Rom am liebsten durch
weitere Verschuldung aus einer Wirtschaftsmisere herausmanö-
vriert. Sie hingen eher einem (Neo-)Keynesianismus an, also einer antizyklischen Investitionspolitik, bei der man in schlechten
Zeiten Schulden aufnimmt und investiert, statt zu sparen. Staaten
wie Griechenland, die den Finanzmärkten und Ratingagenturen
lange Zeit nicht mehr glaubhaft machen konnten, ihre Schulden-
last jemals tilgen zu können und verlässliche Zahlen zu liefern,
hofften zudem auf einen Schuldenschnitt. Neuerdings fordern
das auch italienische Polititker.

Dagegen geht das deutsche Denkmodell unter anderem auf
die sogenannte Freiburger Schule der Ordnungsökonomik zurück und hat einen ausgeglichenen Haushalt zum Ziel. Stabilität
folgt auf Solidität. Statt aktiv in den Markt einzugreifen, versteht
sich ein ordnungspolitischer Staat als Stabilitätsgarant und setzt
nur Rahmenbedingungen, weil die reale Ausgestaltung der sozialen Marktwirtschaft dem privaten Sektor obliegt. Diese Position
stützt sich in Deutschland auf zwei kollektive Erinnerungen.
Mitte der 1970er verfolgte die Bundesbank recht erfolgreich eine
Politik des harten Geldes, um drohende Preissteigerungen durch
eine Verknappung der Geldmenge einzudämmen. Die deutschen

Bürger unterstützten diese Stabilitätsstrategie, weil sich ihre Lebenshaltungskosten kaum erhöhten.[8] Deutschland gelang es, Inflation und Arbeitslosigkeit zu kontrollieren. Und unter der rot-grünen Bundesregierung wurde in den 2000ern mithilfe der Tarifpartner eine Politik des realen Lohnverzichts durchgesetzt und durch Wohlfahrtsstaatsreformen – vor allem die Beschneidung des Renten- und Pensionssystems – flankiert.

Offenkundig unterscheiden sich in Europa die Auffassungen über das richtige Kräfteverhältnis von Staat und Markt.[9] Genau das führte und führt in der Krise der Eurozone zu Streit und einer widersprüchlichen politischen Kommunikation. Heute scheint es, als ob selbst der IWF als vormalige Bastion des Neoliberalismus nicht mehr uneingeschränkt auf der deutschen Seite steht. Auch der IWF unter seiner geschäftsführenden Direktorin Christine Lagarde forderte zuletzt immer lauter Schuldenschnitte und eine Kontrolle der deutschen Exportbilanz. Während wir hierzulande unsere wirtschaftliche *Overperformance* als Exportweltmeister zelebrieren, gilt genau dieser Erfolg andernorts als Problem. Wiederholt heißt es, die Deutschen sollen bitte mehr ausgeben, um die chronisch niedrige Binnennachfrage anzukurbeln. Zeitgleich streitet in Paris ein proeuropäischer und wirtschaftsliberaler Präsident für arbeitsmarktfreundliche Reformen, Sparpolitik, Deregulierung und Privatisierung. Emmanuel Macron ruft nach einer Neugründung der Europäischen Union und verspricht, die reformunwilligen Deutschen als europäischer Musterschüler abzulösen. Was ist im politischen Management der Eurozone passiert, dass sich altvertraute Argumentationsmuster auf einmal so verändert haben? Und warum sehen sich Proeuropäer wie Macron mittlerweile nicht nur einer rechtspopulistischen antieuropäischen Phalanx, sondern auch Linkspopulisten wie Jean-Luc Mélenchon gegenüber, die den Austritt aus der EU fordern? Das Management der Eurokrise oder überspitzt formuliert: das deutsche Missmanagement der Krisenkommunikation war ein politischer Sündenfall, der einen großen Stein ins Rollen gebracht hat.

Die Krise der Eurozone als Kommunikationsdesaster

2009 erfuhr die Welt ganz nebenbei vom damaligen luxemburgischen Premierminister Jean-Claude Juncker, dass das griechische Staatsdefizit mehr als doppelt so hoch wie erwartet ausfallen würde. Als diese Nachricht an die Öffentlichkeit durchsickerte, stuften Ratingagenturen die Kreditwürdigkeit Griechenlands herunter, sodass sich Athen kaum noch mit weiterem Geld versorgen konnte. Griechenland hatte auch dank der Vorteile der Währungsunion viel zu viele Schulden angehäuft und war faktisch pleite – und das eben als Mitglied der Eurozone. Die anderen Mitgliedstaaten mussten mögliche Auswirkungen und Domino-Effekte eines griechischen Zahlungsausfalls fürchten. Daher erklärten sie, den griechischen Staat notfalls zu «retten». Doch dazu bedurfte es erst einmal neuer Verfahren und Mechanismen, denn eine Staatsinsolvenz hatte es noch nie in einer gemeinsamen Währungsunion gegeben.

2010 wurde also das erste Griechenland-Hilfspaket geschnürt und der Europäische Rettungsschirm ins Leben gerufen. Dieser bestand aus drei Komponenten: dem Europäischen Finanzstabilisierungsmechanismus (EFSM) und der Europäischen Finanzstabilisierungsfazilität (EFSF). Dazu kamen Kredite durch den IWF. Aufgegangen sind diese unaussprechlichen Töpfe 2012 in einem dauerhaften Krisenfonds namens Europäischer Stabilitätsmechanismus (ESM). Unter den europäischen Rettungsschirm mussten bekanntlich ein paar Länder schlüpfen: Im Laufe der

Zeit gesellten sich zum Club der Sorgenkinder Irland, Portugal, Spanien und Zypern. Deren Zahlungsfähigkeit war mitunter dank Immobilienblasen, fauler Kredite und strauchelnder Banken fragwürdig geworden.

Angesichts der massiven Probleme in der gemeinsamen Währungsunion diskutierte die Eurozone kontrovers über mögliche Reformen wie etwa über die Verschärfung des seit dem Vertrag von Maastricht bestehenden Stabilitäts- und Wachstumspakts oder über die engere Verzahnung von Haushalts- beziehungsweise Fiskalpolitik. Irgendwie musste man dauerhaft die Kreditwürdigkeit der Krisenländer verbessern, damit diese ihre Haushalte sanieren und ihre Wirtschaft umstrukturieren könnten. Bei der Diskussion um Rezepte für eine – bestenfalls nachhaltige – Krisenpolitik zeigten sich nun lang verdrängte Differenzen zwischen den Mitgliedstaaten. Der Motor des deutsch-französischen Tandems kam in der «Griechenland-Krise» von 2010 mächtig ins Stottern. Frankreich begriff sich – nicht zuletzt aufgrund der schwachen eigenen Bonität – als Sprachrohr der südeuropäischen Staaten und drängte zunächst darauf, die Rettungspakete zugunsten einer allgemeinen Schuldenhaftung auszuweiten. Für Paris war eine schnelle Rettung Griechenlands folglich schon im Januar 2010 eine legitime Option. Die Mittel der Krisenpolitik lagen für die Franzosen auf der Hand: Eurobonds, der Kauf von Staatsanleihen und Schuldenpapieren durch die EZB und eine Verlagerung wirtschaftspolitischer Steuerungsinstrumente nach Brüssel. Ganz anders als in Deutschland wurde den französischen Bürgern von ihrer Regierung und ihren Leitmedien kommuniziert, dass die Krise der Eurozone – ein Ergebnis makroökonomischer Ungleichgewichte zwischen Defizit- und Überschussländern – keiner Seite allein angelastet werden dürfe. Die Probleme ließen sich nur durch europäische Solidarität, also eine europäische Transferunion und neo-keynesianische Stimuli für die Wirtschaft, lösen. Allen voran proklamierte der damalige französische Staatspräsident Nicolas Sarkozy, man dürfe die Griechen nicht hängen lassen.[10] Und durch die Rettungspakete würden ganz nebenbei auch noch französische Banken gerettet, die in die Krise verstrickt waren.

Die deutsche Regierung hingegen verstand sich als Sprachrohr des liquiden europäischen Nordostens mit dem traditionellen Interesse an einer harten Gemeinschaftswährung und forderte von Anbeginn einen rigiden, streng kontrollierten Sparkurs und eine klare Begrenzung der Rettungsfonds. Deutschland setzte auf Austerität, schließlich wurde hierzulande die Krise nicht als ein Problem mit zwei Seiten erklärt, sondern nur als Versagen der wenigen Länder, die durch ihre Schludrigkeit in die Bredouille geraten waren. Griechenland oder Portugal hätten eben «über ihre Verhältnisse gelebt», so Wolfgang Schäuble und Angela Merkel,[11] und müssten nun «den Gürtel enger schnallen». Bisher hätten sie zu viel Urlaub gemacht und wären zu früh in Rente gegangen, lautete Merkels Maßregelung:

«Es geht auch darum, dass man in Ländern wie Griechenland, Spanien, Portugal nicht früher in Rente gehen kann als in Deutschland, sondern dass alle sich auch ein wenig gleich anstrengen – das ist wichtig. [...] Wir können nicht eine Währung haben und der eine kriegt ganz viel Urlaub und der andere ganz wenig. Das geht auf Dauer auch nicht zusammen.»[12]

Diese Rhetorik brachte die deutschen Wähler und Steuerzahler weiter gegen ihre bankrotten europäischen Partnerländer auf. Warum sollte man anderen eine fette Rente bezahlen und selbst sparen? Schließlich war man in der Position des Lehrers, da müssten sich die Schüler doch den Regeln anpassen. Der Erfolg des deutschen Wirtschaftsmodells, so die Erzählung, sei ganz allein auf die harte Arbeit deutscher Bürger und auf die schmerzvollen Reformen unter Gerhard Schröder zurückzuführen. Deutsche

Prosperität hatte demnach nichts mit den neuen Märkten zu tun, die durch die europäische Osterweiterung bisweilen rücksichtslos erschlossen wurden.[13] Erst recht wollte man nicht über die Kosten sprechen, die der deutsche Wettbewerbsvorteil durch Lohnzurückhaltung für andere Wirtschaftsstandorte in Europa und der Welt hatte. Dass das deutsche Job- und Konjunkturwunder der letzten Jahre auch auf dem Rücken von irgendjemandem erwirtschaftet wurde, störte keinen. Auch nicht, dass Deutsche im europäischen Vergleich sehr viele Urlaubstage haben.[14]

Gerade in der Debatte um Schröders politisches Vermächtnis offenbart sich bei zahlreichen Bürgern beinahe eine politische Schizophrenie: Einerseits werden die Reformen der Agenda 2010 mit einem leidenschaftlichen wirtschaftswissenschaftlichen Dilettantismus als politisches Verdienst der eigenen Krisenbewältigungshistorie hochgehalten; andererseits echauffiert man sich in abendlicher Runde gerne in gesellschaftskritischer Manier über die damit verbundene Anbiederung der stolzen SPD und der Grünen an den Neoliberalismus. Sicher ist: Die Agenda 2010 machte Effizienzfixierung, Verwertbarkeitsdogma, die Gängelung von Arbeitslosen und die politmoralische Diskreditierung von Bedürftigen zum legitimen Kalkül einer erfolgreichen Reformpolitik. Es ist salonfähig geworden, auf Arme, Kranke oder Krisengebeutelte mit dem moralischen Zeigefinger zu zeigen und eine Politik der Entsolidarisierung zu fordern. Jeder ist seines eigenen Glückes Schmied, lautet das Credo. In Deutschland war es 2010 dem damaligen FDP-Chef und Außenminister Guido Westerwelle zufolge nötig, noch einmal den «Leistungsgedanken» zu betonen, um «spätrömische Dekadenz» abzuwenden und Fantasien «anstrengungslosen Wohlstand[s]» zu zerstreuen, die manch Deutscher vielleicht insgeheim mit den Südeuropäern teile.[15]

Überall in Europa schienen sich die Wohlfahrtsstaaten auf Kosten deutscher Steuer- und Beitragszahler zu vergrößern. Damit sollte Schluss sein. Die Deutschen hatten sich erfolgreich einer Rosskur unterzogen. Nun mussten die schludrigen Südeuropäer nachziehen. Doch ließ sich das Rezept der Agenda 2010 nicht einfach auf die südeuropäischen Schuldenstaaten in der Krise übertragen, weil hier ein faktisches Missverhältnis zwischen Währung und wirtschaftlicher Produktivität herrschte. Faule Kredite westeuropäischer Banken, faktische staatliche Insolvenz und private Rating-Agenturen stellten weitere Probleme dar, mit denen die Schröder-Regierung einst nicht zu kämpfen hatte. Für die Schulden der südeuropäischen Länder aufzukommen, kam für den stolzen deutschen Lehrmeister und Reformer aber noch lange nicht infrage.

Obwohl sich die Lage in Athen zuspitzte, verzögerte die Bundesregierung daher bis Mai 2010 eine gemeinsame europäische Krisenreaktion und bescheinigte der griechischen Regierung «Lasterhaftigkeit». Der Sound der Macht klang auf einmal bedenklich moralisch. Während im Englischen streng zwischen «debt» und «guilt» unterschieden wird, beinhaltet das deutsche Wort «Schulden» stets eine moralische Komponente: Man steht in der Schuld eines anderen, man «schuldet» jemandem einen Gefallen. Kredit geben beruht auf der moralischen Integrität des Schuldners. Aber gerade ihre moralinsauren Anklagen, ihre strategische Zögerlichkeit und Blockadehaltung machten es der Merkel-Regierung schließlich so schwer, die Zustimmung zum Rettungsfonds im Mai 2010 zu rechtfertigen. Dabei ging es ja weniger um Moral als um Kriseneindämmung. So wurde kurzerhand die Alternativlosigkeit und Notwendigkeit der Entscheidung behauptet.

Durch ihr langes Zögern hatte sich Angela Merkel politisch zunächst selbst beschädigt. Es wurde als ein erneutes Symptom ihres zauderlichen Charakters und als Beweis für ihre Unfähigkeit zu einem richtigen Krisenmanagement gewertet. Gute Krisenkommunikation beruht in der Theorie auf einem proaktiven Öffentlichkeits- und Medienmanagement.[16] Sobald der Eindruck entsteht, dass Politiker aus Desorganisation und Unkenntnis nur reagieren, halbherzig beschwichtigen oder Probleme geradeheraus leugnen, leidet ihre Glaubwürdigkeit darunter genauso sehr wie unter unerfüllten Reformversprechen. In Krisenzeiten und inmitten von Shitstorms hilft folglich keine Salami-PR-Taktik, mit der scheibchenweise Informationen geliefert werden, sondern nur eine kommunikative Flucht nach vorne. Wahrscheinlich dachte sich das am Ende auch die Bundeskanzlerin – und überspannte kurzerhand den Bogen. Um die Zustimmung zu einem finanziellen Rettungspaket für Griechenland zu rechtfertigen, verwies sie auf einen politischen Ausnahmezustand, in dem nicht mehr nur der Euro, sondern gleich die Zukunft Europas auf dem Spiel stehe. Merkel appellierte eindrücklich an den Bundestag: «Die Währungsunion ist eine Schicksalsgemeinschaft. Es geht um die Bewährung und die Bewahrung der europäischen Idee.»[17] Nach dieser Aussage war es nahezu unmöglich, den Euro noch zu kritisieren, ohne sich mit europafeindlichen, rechtspopulistischen Marktschreiern und radikalen Souveränisten gemein zu machen.

Der Euro war aber zum Problem geworden, weil sich die späteren Mitgliedstaaten der Eurozone seit den 1990ern in einem ungesunden Strukturmix verzettelt hatten: Geldpolitik wird auf supranationaler, Fiskalpolitik hingegen auf nationalstaatlicher Ebene geregelt. Die Unterschiede zwischen den Volkswirtschaften waren aber zu groß, als dass eine einheitliche Zinspolitik der Europäischen Zentralbank auf Dauer hätte gutgehen können. Drohte nun in der Krise 2010 einem Mitgliedstaat die Zahlungsunfähigkeit, konnte dies verheerende Konsequenzen für alle haben. So entschieden sich die europäischen Krisenmanager im

Falle Griechenlands für das vermeintlich kleinere Übel, nämlich für eine Rettung in Verbindung mit großangelegten Privatisierungsmaßnahmen und dem Rückbau des (Wohlfahrts-)Staats und verhinderten somit eine mehr oder minder ungeordnete Insolvenz und Währungsabwertung.

Statt aber die europapolitischen sowie finanzpolitischen Entscheidungen in all ihren politischen und normativen Implikationen und Konsequenzen zu erklären, wischten Merkel und Co. den Rechtfertigungs- und Legitimationsballast der anstehenden Entscheidungen zur Seite. Die meisten Bürger – und auch Parlamentarier – wussten gar nicht recht, welche politische Güterabwägung zu treffen war, ja was eigentlich mit diesen technokratischen Ungetümen wie der «EFSF» und dem «ESM» zur Disposition stand. Vor laufender Kamera konnten zahlreiche Abgeordnete keine Details des europäischen Rettungsschirms erläutern, über den sie doch abzustimmen hatten. Und war ein finanzieller *Bailout* durch die europäischen Verträge nicht verboten? Der ehemalige deutsche EZB-Direktor Jörg Asmussen brachte die Herausforderung mit der knackigen Formulierung der «unbekannten Unbekannten» auf den Punkt.[18] Auch der Ökonom und Politikberater Henrik Enderlein diagnostizierte, dass die Demokratie der Krise kurzzeitig zum Opfer fallen könne, denn in einer solchen Situation sei es kaum möglich, «eine sorgfältige ökonomische Kosten-Nutzen-Abwägung vorzunehmen», «Kompensationsnotwendigkeiten zu erkennen sowie Umverteilungsmechanismen solide zu verankern und schwierige normative Fragen deliberativ zu beantworten.»[19] Die Dringlichkeit der Entscheidung und die hohe Komplexität der Materie drohten den Bundestag – das Hohe Haus der Demokratie – der politischen Bedeutungslosigkeit preiszugeben und die öffentliche Debatte lahmzulegen.

Man war auf diese Probleme schlicht nicht vorbereitet. Bis zur

Krise der Eurozone waren die Kontrolle und die Koordination in der Fiskalpolitik eher schwach; es gab explizit keine gemeinschaftliche Haftung für die Verbindlichkeiten einzelner Staaten. Bis zur Krise galt, die EU dürfe keinesfalls zu einer «Transferunion» mit Gemeinschaftshaftung werden. Dies verlangt die sogenannte «Nichtbeistands-Klausel» oder «No-Bailout-Klausel», Artikel 125 im «Vertrag über die Arbeitsweise der Europäischen Union» (AEUV). Laut Artikel 123 AEUV ist es auch der EZB nicht gestattet, Mitgliedstaaten oder EU-Institutionen über Kredite zu finanzieren oder Staatsanleihen zu kaufen. Die Bundesbank erläutert diese Bestimmung mit der Gefahr eines fiskalpolitischen Schlendrians, weil sich Staaten ja sonst darauf verlassen könnten, «bei fiskalischer Nachlässigkeit aufgefangen zu werden.»[20] Brach die europäische Krisenpolitik also nun mit bestehenden Regeln, Gepflogenheiten und Verträgen – und vernachlässigte die deutsche Bundesregierung die Regeln, die sie selbst mitbestimmt hatte, durch ihre Zustimmung zum Rettungsfonds? Die verunsicherten Politikbeobachter und Bürger stellten sich all diese Fragen, ohne von ihren Repräsentanten vernünftige Antworten zu erhalten. Inmitten der überheblichen und moralinsauren Rhetorik der Bundesregierung entstand folglich ein kommunikatives Vakuum, das gewiefte Scharfmacher wie der Wirtschaftswissenschaftler Bernd Lucke füllen konnten. Viele Menschen hatten das Gefühl, dass Gegenpositionen zur Krisenpolitik der Kanzlerin bislang zu kurz gekommen waren und auch weiterhin systematisch aus dem politischen Diskurs herausgehalten werden sollte. Deshalb konnte Bernd Lucke die AfD in der Folgezeit als neue Kraft in der Parteienlandschaft etablieren.

Lucke und andere Kritiker forderten, dass krisengeplagte Staaten wie Griechenland, Zypern, Italien, Spanien und Portugal aus dem Euroraum austreten müssten. Die Rettungspolitik führe in den betroffenen Staaten zu Verelendung und Rezession, während sie hierzulande nur eine gigantische verschleierte Belastung des Steuerzahlers bedeute: «Die Bürger werden getäuscht. Das sind Verluste, die auf Deutschland unweigerlich zukommen. Dieses Geld ist verloren, durch die unsinnige Rettungspolitik verspielt worden. Das ist Frau Merkel anzulasten, nicht den Kritikern, die Griechenland aus dem Euro ausscheiden lassen wollen.»[21] Während Lucke vor allem die ökonomische Unvernunft der Rettungspolitik und deren Nachteile für den deutschen Steuerzahler ins Visier nahm, kritisierten Linke den technokratischen Abbau des Wohlfahrtsstaats und die Politik der Staatskonsolidierung mittels Deregulierung und Privatisierung. Beide Seiten waren sich aber in einem Punkt einig: Der deutsche Bürger werde über die Auswirkungen der Sparpolitik im Unklaren gelassen. Unfreiwillig und aus unterschiedlichen politischen Motiven fanden sich bei den liberalkonservativen und den linken Gegnern des europäischen Krisenmanagements ähnliche Motive der Kritik.

Harmonische Krisenkommunikation

Merkels und Schäubles alarmistischer Krisensound sollte deutschen Wählern und Steuerzahlern vermitteln, dass ein geordneter Schuldenerlass, eine sinnvolle Schuldenumstrukturierung oder eine geordnete Insolvenz des griechischen Staats nicht zur Diskussion stünden. Daher wurde die politische Außenkommunikation der Kabinettsmitglieder intern kontrolliert. Als etwa der damalige Wirtschaftsminister Philipp Rösler im September 2011 die behauptete Alternativlosigkeit der Krisenpolitik in einem aufsehenerregenden Zeitungsartikel anzweifelte, indem er wortwörtlich «Denkverbote» kritisierte und eine Prüfung der «Möglichkeit einer geordneten Staatsinsolvenz» in den Raum

stellte, wurde er brüsk zurückgepfiffen.[22] Schäuble war «strikt
dagegen, dass über eine Insolvenz öffentlich diskutiert wird»,
denn auf eine offene kritische Debatte könnten «unkontrollier-
bare Reaktionen auf den Finanzmärkten» folgen.[23] Jede kleine
Öffnung der Debatte innerhalb der Regierungsreihen könne den
Eindruck von Unsicherheit und Unklarheit über das Vorgehen
der EU erzeugen und damit Zweifel über die Handlungsfähig-
keit der europäischen Gemeinschaft säen. Nie seien politische
Rhetorik und kommunikative Disziplin wichtiger als in Zeiten
eines instabilen und hochgradig volatilen Finanzmarkts. Ganz in
diesem Sinne formulierte auch Angela Merkel, jeder sollte «seine
Worte sehr vorsichtig wägen. Was wir nicht brauchen können, ist
Unruhe auf den Finanzmärkten. Die Unsicherheiten sind schon
groß genug.»[24]

Folglich bekräftigte die «neue Iron Lady» in Europa[25] vehement die Notwendigkeit, sich überall in Europa «zu einer höheren Wettbewerbsfähigkeit und Solidität [zu] bekennen.»[26] Um
auf den Märkten Glaubwürdigkeit zu gewinnen, müsse man diesen Zielen oberste Priorität einräumen. Dazu brauche man eine
gemeinsame Linie bei wirtschafts- und finanzpolitischen Entscheidungen – bestenfalls mit dem Effekt, dass die Interessen
von Politik und Markt innerhalb der europäischen Bevölkerungen als deckungsgleich wahrgenommen würden. Das Problem
mit Schuldenstaaten wie Griechenland habe demzufolge auch
nicht allein innerhalb der EU gelöst werden können. Der Internationale Währungsfonds sei für das europäische Krisenmanagement ein unerlässlicher Partner gewesen, versicherte Angela
Merkel 2011: «Wir haben sehr viel Wert darauf gelegt, dass der
IWF immer dabei ist. Warum? Nicht deshalb, weil Europa es
allein nicht kann, sondern deshalb, weil ich von den Märkten
gelernt habe, dass sie gerne eine harmonische Kommunikation
haben.»[27] Auf die Frage hin, welche Politik als «alternativlos»

gelten müsse, ließ im Gleichklang mit Angela Merkel schließlich auch Christine Lagarde im Mai 2013 verlautbaren: «there is no alternative to austerity.»[28]

Wir lernen also, dass es in der Krise auf einen bestimmten Sound ankommt: Es bedarf einer mit technokratischen Institutionen abgestimmten, einstimmigen Kommunikation von Erwartungssicherheit und Durchsetzungswillen an die Märkte – und weniger eines (ergebnis-)offenen Dialogs und öffentlichen Austauschs von Pro- und Kontraargumenten. Auch wenn innerhalb der politischen Reihen die Fetzen fliegen und massiver Dissens herrscht, muss man sich in Krisen wie der des Finanzmarkts und der Eurozone kommunikativ disziplinieren. Politikinterne Dissonanzen müssen für die Außenwelt kaschiert werden. Regierungen sprechen eben nicht nur zu Bürgern, sondern auch zu Akteuren des globalen Finanzmarktkapitalismus. Nur kann dieser Sound, durch den einem ominösen Markt Durchsetzungsfähigkeit signalisiert werden soll, auf den Bürger wie ein *autoritärer Regierungsstil* wirken und in der Folge Protest mobilisieren. Auch hier existiert ein Widerspruch: Während die politische Öffentlichkeit und das Parlament von konflikthaften und parteipolitisch eingefärbten Debatten lebt, in denen eine selbstbewusste Opposition zu Recht damit drohen kann, spätestens bei Wahlen bestimmte Entscheidungen notfalls zu revidieren, sind in einer an «die Märkte» gerichteten Kommunikation die Suggestion von Sicherheit und eine gewisse Apodiktik effektive Instrumente des Krisenmanagements. Eine parlamentarische Demokratie braucht bisweilen langatmige Ausführungen und ein Abwägen von Pro und Contra; Marktakteure wie etwa Anleger, Investoren, Banken und Rating-Agenturen bevorzugen hingegen schnelle und deutliche Lösungen. Demokratische Politik und Rhetorik stehen also vor einem Spagat, womöglich sogar vor einer systembedingten Herausforderung.

Aus demokratietheoretischer Sicht war es deswegen verdienst-voll, dass der damalige Bundestagspräsident Norbert Lammert im September 2011 die Redeordnung im Bundestag gegen den Willen der schwarz-gelben Regierung änderte, um den sogenann-ten «Abweichlern», also den regierungs- und fraktionsinternen Kritikern der Eurorettungspolitik wie Klaus-Peter Willsch von der CDU, das Wort zu erteilen. Deren Einlassungen blieben ohnehin folgenlos. Der Bundestagspräsident erntete für diese Entscheidung harsche Kritik, weil er sich damit der supergroßen Pro-Rettungsschirm-Koalition aus CDU/CSU, FDP, SPD und Grünen widersetzte und politische Unstimmigkeiten und real existierende Kritik nach außen trug. Nur die Linke hatte damals die Eurorettungspolitik scharf kritisiert und zum Protest gegen das kapitalistische System als solches aufgerufen. Lammert wollte die politischen Akteure mit seiner Aktion daran erinnern, dass die parlamentarische Debatte nicht aus dem Abnicken nächtli-cher Entscheidungen einer unübersichtlichen, in Brüssel tagen-den Exekutive besteht, sondern in erster Linie aus dem sicht- und hörbaren Widerstreit verschiedener Positionen. Das Hohe Haus der Demokratie darf kein Ort des kommunikativen Einvernehmens über vermeintliche Sachzwänge sein, selbst wenn eine Krisenpolitik akut Brände löschen muss.

Mehr Technokratie wagen heißt:
Konflikte verschärfen!

Während deutsche Politiker wiederholt von den unausweichli-chen «Hausaufgaben» redeten, um die parlamentarische Debatte im Bundestag ebenso wie Gestaltungs- und Handlungsspiel-räume im europäischen Währungsraum einzugrenzen, nahm die EZB unter Mario Draghi die Züge einer Notstandsregierung an.

2. «Hausaufgaben machen»

Draghi versprach auf seiner legendären Pressekonferenz im Juli 2012, zur Stabilisierung des Euroraumes künftig alle nur erdenklichen Mittel aufzubieten, koste es, was es wolle: *«whatever it takes»*.[29] Diese magischen Worte erwiesen sich als *self-fulfilling prophecy*, waren der entscheidende Wendepunkt und Schlüssel zur Beruhigung der Märkte. Im Notfall würde eine technokratische Institution ohne lange Diskussion das Problem lösen, indem sie die Eurozone einfach mit Geld flutete und Staatsanleihen ankaufte. Der entschlossene Sound der EZB verschaffte allen Zeit und Ruhe.[30] Zugleich wurde zunehmend erkennbar, dass die Europäische Union in einen «Sog der Technokratie» geraten war: einen «Exekutivföderalismus» der nächtlichen Krisensitzungen europäischer Regierungen.[31]

Deutschland und andere Länder, die über Schuldenniveaus verfügten, die auf dem Finanzmarkt als bewältigbar galten, beharrten auf Fiskaldisziplin, Sparprogrammen und einer strengen europäischen Überwachung der nationalen Haushaltspolitik. Während die Bundesregierung auf europäischer Ebene vehement «Austerität», also Sparpolitik, Privatisierung und Deregulierung in den krisengeplagten Ländern forderte, wollte sie von ihrer wirtschaftspolitischen Orthodoxie im eigenen Land wenig wissen. Merkels Regierung griff hier zum Beispiel zu Instrumenten wie der «Abwrackprämie», um Kaufanreize für neue Autos zu setzen und die Wirtschaft anzukurbeln. Die Wirtschaft erkannte für sich den Vorteil der Kurzarbeit. Außenpolitisch gerierten sich Merkel und Schäuble jedoch wie die Zuchtmeister einer rigiden Fiskalpolitik – ein klassischer Fall «kommunikativer Dissonanz»[32] zwischen Innen- und Außen- bzw. Europapolitik.

Die politische Selbstbestimmung derjenigen Länder, die wie Griechenland unter den «Rettungsschirm» geschlüpft waren, wurde nun stark beschnitten. Eine sogenannte Troika – die heute politisch korrekter unter der Bezeichnung *«the Institutions»* firmiert – wachte über die Einhaltung der Strukturreformen. Dieses demokratisch nicht legitimierte, technokratische Kontrollgremium aus Vertretern der EZB, des IWF und der Europäischen Kommission führte Verhandlungen mit Mitgliedsländern, deren Staatshaushalt die europäischen Stabilitätskriterien verletzte. In den etwa für Griechenland vierteljährlich erschienenen *Memoranda of Understanding* wurden die Ergebnisse der Überwachung durch die Troika später veröffentlicht. Sie zeugen von einem bis dahin ungekannten Eingriff in parlamentarische Souveränitätsrechte und folgten der Logik eines öffentlichen Prangers: Fehlverhalten und Versäumnisse sollten öffentlich gemacht werden.

Die europäischen Krisenmanager unternahmen den Versuch, einen radikalen Reformprozess zu erzwingen, für den sich zuvor in nationalen Parlamenten und Bevölkerungen keine Mehrheiten gefunden hatten. Die ökonomische Vernunft europäischer Experten – und der historisch mit gutem Beispiel vorangehenden Bundesregierung – sei höher zu bewerten als der bisherige Wille souveräner, aber leider irrationaler, da eigennütziger Wähler. Dadurch verschärft sich das Problem, dass für jene sparpolitischen Einschnitte vor Ort heute niemand verantwortlich zeichnen will. Im Gegenteil, der seit 2015 amtierende griechische Ministerpräsident Alexis Tsipras nennt die politischen Reformen, die seine Regierung zur Stärkung der «Wettbewerbsfähigkeit» des eigenen Landes unternimmt, «Auflagen». Erst 2017 kritisierte er in einem Interview mit der französischen Zeitung Le Figaro und der deutschen Welt: «Europa darf kein Diskussionsforum für Technokraten und Politiker sein, wo am Ende der Mächtigste den anderen seine Meinung aufzwingt». Tsipras setzte nach: «Womit ich, darum brauchen wir nicht herumzureden, Deutschland meine.»[33]

Die Eurozonenkrise verschlechterte das Verhältnis zwischen den Mitgliedstaaten. Heute florieren europaweit antideutsche

Ressentiments. Eine Kultur gegenseitigen Misstrauens erschwerte auch die jüngere Krisenpolitik, in der es darum gehen sollte, dass die verschiedenen Mitgliedstaaten der EU eine einvernehmliche Lösung der Migrations- und Flüchtlingspolitik finden. Der preußische Elefant hat zu viel Porzellan zerbrochen. Die europäische Integration ist zu einem hochgradig politischen und polarisierenden Thema geworden. Souveränitätsverluste der beteiligten Nationalstaaten sind selbst für politisch desinteressierte Bürger erkennbar. Die europäische Technokratie und Bürokratie finden nun allerorten politische Gegner; eine Vertiefung europäischer Integration ist auch in Deutschland längst kein *common sense* mehr. Nicht zuletzt deshalb muss Emmanuel Macron lange warten, bis er aus Berlin eine Reaktion auf oder gar einen konkreten Gegenvorschlag zu seinem ambitionierten europapolitischen Vertiefungsprojekt bekommt. Die neue Pariser Europhilie droht im Keim zu ersticken, indem sie im Nachbarland immer nur auf die Kostenfrage reduziert wird. Der CSU-Europapolitiker Markus Ferber etwa polterte nach Macrons Wahlerfolg im Mai 2017 in einem Interview: «Präsident Macron weiß, dass in Frankreich dringend Reformen durchgeführt werden müssen. Und er weiß, dass diese Reformen den französischen Staat viel Geld kosten werden. Deshalb ist er auf der Suche nach einem Sponsor. Aber jedes Land in der EU ist für Haushalt, Arbeitsmarkt und Sozialpolitik selbst zuständig. Deshalb muss Frankreich aus eigener Kraft seine Probleme lösen. Auch wir Deutschen haben vor Jahren unsere Hausaufgaben gemacht. Wir können in Europa nicht die belohnen, die nichts tun, und die bestrafen, die sich ihren Aufgaben gestellt haben.»[34]

Hierzulande herrscht eine seltsame Dissonanz zwischen der öffentlichen Beschwörung des europäischen Friedensprojekts und der weit verbreiteten Annahme, die EU-Partner hingen finanziell nur am deutschen Tropf. Auch aufgrund dieses Diskursklimas verzichtete der überzeugte Europäer und ehemalige Parlamentspräsident Martin Schulz darauf, Europa zum großen Wahlkampfthema auszurufen. Schon seine pathetische, aber eigentlich lapidare Formulierung der «Vereinigten Staaten von Europa» stiftete genug Unruhe.[35] Nie war die EU als politisches Projekt so umstritten wie heute. Manche Forscher attestieren den westeuropäischen Gesellschaften eine «transnationale Konfliktlinie», die politische Lager in EU-Befürworter und -gegner aufspalte.[36] Frei nach dem Soziologen Hans Joas lässt sich sagen: Die EU ist eine Phase ihrer Entsakralisierung eingetreten, da die «angebliche[] Unausweichlichkeit des europäischen Einigungsprozesses» zunehmend in Frage gestellt wird.[37]

Die legitime Kritik der Halbstarken

Durch die deutsche Vermischung von Fiskalpolitik und Moral fiel der Zusammenhang zwischen der Krise und der Struktur der Europäischen Union bzw. der Eurozone, der wirtschaftlichen Asymmetrien, der Produktions- und Lohnkostenentwicklungen sowie Handelsbeziehungen innerhalb der EU unter den Tisch. Stattdessen wurde den Wählern erzählt, es handele sich um eine simple Schuldenkrise von Staaten, die durch Rettungsmechanismen behoben werden könne. So konnten sich deutsche Wähler in ihren Ressentiments bestätigt sehen: Nicht Deutschland, nicht die Strukturen der Eurozone oder des Finanzmarkts waren das Problem, sondern die exorbitanten Staatschulden und das lasterhafte Verhalten mancher Regierungen. Fiskalpolitische Maßnahmen zur Konsolidierung und der Rückbau des Wohlfahrtsstaates in der europäischen Peripherie wurden zu Fragen einer innereuropäischen Moral – der einzig wirksamen Kur gegen südeuropäische Dekadenzerscheinungen.

2. «Hausaufgaben machen»

Die Rolle der Banken wurde kaum debattiert. Die europäischen Mitgliedstaaten waren in Wirklichkeit mit einer vielfältigen Krise des Finanz- und Bankensystems konfrontiert; die Schuldenkrise war zugleich eine Krise der öffentlichen und der privaten Hand. Banken hielten faule und wertlose Kredite, weil die aufgenommenen (Privat-)Schulden nicht mehr bedient werden konnten.[38] Daher hatte auch Deutschland ein klares Eigeninteresse daran, «Griechenland zu retten», schließlich steckten deutsche (und französische) Banken mitten im Schlamassel. Ehrlich wäre es also gewesen, den Bürgern von Beginn an zu sagen, dass die europäische Staatsschuldenkrise auch eine Krise des deregulierten Finanzmarktsektors und des kreditfinanzierten Wirtschaftswachstumsmodells war, mit der man viel grundsätzlicher zu kämpfen hatte. Aber daraus hätten ja findige (linke) Politiker und kritische Bürger die Forderung nach wirklichen Reformen des Wirtschafts- und Finanzsystems ableiten können, die über die Forderung nach ein bisschen mehr Regulierung und Bankenaufsicht hinausgingen.

Der einvernehmliche Krisensound wurde aber spätestens seit dem Wahlsieg der linken Partei Syriza bei den griechischen Parlamentswahlen im Jahre 2015 empfindlich gestört. Ganz im Sinne der eingangs aufgegriffenen Rhetorik von erwachsenen Lehrern und unreifen Schülern zeigte sich nun in der deutschen Debatte: Als dank Syriza die leidige Frage nach einem alternativen, nachhaltigeren Krisenmanagement wieder und wieder gestellt wurde, verunglimpfte man vor allem den charismatischen, Motorrad fahrenden Wirtschaftswissenschaftler und griechischen Finanzminister Yannis Varoufakis als «Halbstarken». Dieser konnte noch so sehr gegen die europäische Phalanx der Austeritätsapostel ankämpfen und die faktische Insolvenz des griechischen Staates unterstreichen – er und sein Kompagnon Tsipras seien nichts als halbstarke Jungs, war der damalige Tenor.[39] Vor allem das

Verhältnis zum ehemaligen deutschen Finanzminister Wolfgang Schäuble war, gelinde gesagt, vergiftet. Varoufakis, die mobilisierende Lichtgestalt zahlreicher junger Linker und kritischer Ökonomen in Europa, ließ sich in der Folge zum Opfer des Systems Schäuble und der neoliberalen EU stilisieren.

Die Halbstarken legen den Finger immer wieder in die Wunde. Varoufakis vertritt heute öffentlich die These, dass Angela Merkel und Wolfgang Schäuble ihre Wähler belogen hätten. Sie hätten gewusst, dass das tatsächliche Ziel der mittlerweile drei Rettungspakete für Griechenland nicht etwa die Rettung des griechischen Staats oder der griechischen Gesellschaft, sondern allein die Rettung der großen europäischen Banken gewesen sei. Wie bei den rechtspopulistischen Kritikern der EU funktioniert auch auf der politischen Linken der Refrain, das Volk sei vom politischen Establishment getäuscht worden, als Gegenerzählung zum hegemonialen Krisensound. Doch während rechte Kritiker den Ausverkauf des deutschen Steuerzahlers als «Verrat» und «Lüge» beklagen, betten Linke wie Varoufakis die strategische Lüge und Wählertäuschung in eine Systemkritik des Finanzmarktkapitalismus ein. Institute wie die Deutsche Bank, die französische BNP Paribas oder Société Générale hätten durch einen griechischen Zahlungsausfall tatsächlich Konkurs anmelden müssen, da sie auf ihren wertlosen Kreditpapieren sitzengeblieben wären. Folglich war die Strategie, das Rettungspaket als einen solidarischen Akt zu verkaufen, gegenüber dem deutschen Wahlvolk mit Varoufakis' Worten eine blanke «Lüge»,[40] die das wahre Problem verschleierte – nämlich aus gesundem Eigeninteresse das heimische Bankensystem und damit die Wirtschaft retten zu müssen. Eine offen kommunizierte Bankenrettung hätten deutsche Wähler wohl noch weniger gebilligt als Solidarität mit den «Pleite-Griechen».[41] Es herrschte also eine Dissonanz zwischen politischer Rhetorik und eigentlicher Absicht. Wie wären die Bundestagswahlen wohl ausgegangen, wie würden die Bürger heute zur Europapolitik stehen, wenn man diese Probleme offen benannt hätte, ohne die schwierige Diskussion durch TINA-Floskeln («there is no alternative») und oberlehrerhafte Vernunftanspielungen zu verkürzen? Das sind zwar Fragen à la «wäre, wäre, Fahrradkette», wie Lothar Matthäus Peer Steinbrücks Slogan («hätte, hätte, Fahrradkette») in unfreiwillig-genialer Manier verballhornte.[42] Aber es lohnt sich, einmal ernsthaft darüber nachzudenken, um sich die Versäumnisse politischer Kommunikation in der Krise zu vergegenwärtigen. Möglicherweise hätte eine schonungslose Debatte über systemische Bankenrettungen auf Kosten der Steuerzahler das Gelegenheitsfenster für eine wahrhafte Reform des deregulierten internationalen Finanzmarkts und die Zügelung seiner windigen Akteure geöffnet. Dies hätte – so ja auch die anhaltende Hoffnung von Politikern wie Varoufakis – eine echte linke Politik mobilisieren und womöglich die kollektiv verdrängte Systemfrage wiederaufflammen lassen können, die man dank eigenem Wohlstand nur allzu gerne verdrängt hatte.

Im Nachhinein erkennen wir, dass die Eurozonenkrise ein *«window of opportunity»*, ein Gelegenheitsfenster für eine wirtschaftspolitische Neuausrichtung geöffnet hat. Die Verwerfungen des internationalen Finanzsystems und das Strukturproblem einer internationalisierten Geldpolitik, die man verschiedenen nationalen Fiskalpolitiken überstülpte, wurden für alle sichtbar. Trotz dieser guten Ausgangslage für eine anschlussfähige Kritik der bestehenden Verhältnisse fand die Linke nicht zu neuer Stärke. Sie hat ihre historische Gelegenheit bis heute verstreichen lassen und in Deutschland den wütenden Steuerzahlern ihre Selbstbelobigung als altruistischer Zahlmeister durchgehen lassen. Nur die junge AfD konnte aus den Versäumnissen der Krisenpolitik als Protestpartei Profil gewinnen, da sie die Strukturprobleme aus ihrer speziellen Perspektive benannte. Für viele ist die Erfolgsstory von der friedlichen und Frieden verbürgenden Europäischen Union als transnationale *win-win-Situation* und von der «trickle down economy» eines wohlstandsmehrenden Kapitalismus brüchig geworden.

Einer der Kritikpunkte, die auch Yannis Varoufakis formuliert, verweist noch auf ein Problem, das in der deutschen Debatte durch die Externalisierung der Krisenursachen[43] gerne unterschlagen wird: Der Leistungsüberschuss der deutschen, exportorientierten Ökonomie belastet den innereuropäischen Wettbewerb. In den Augen zahlreicher Ökonomen (und nicht nur für amerikanische Politiker und größenwahnsinnige Präsidenten wie Donald Trump) handelt es sich um ein quasi symmetrisches Problem zu den Leistungsdefiziten der ins Straucheln geratenen Länder.[44] Während hierzulande – wie schon erwähnt – Gerhard Schröders Reformagenda aus den 2000ern als Hauptgrund für den heutigen Erfolg der deutschen Wirtschaft angeführt wird, gilt Kritikern die erzwungene Wettbewerbsfähigkeit deutscher Unternehmen als Problem. Demnach hätten die Strukturreformen die flexibilisierten und prekarisierten Arbeitsverhältnisse sowie der reale Lohnverzicht zugleich zu einer mangelnden Binnennachfrage und fehlender Investitionsbereitschaft geführt. Seit der Eurozonenkrise sind immer mehr Politiker und Ökonomen überzeugt, dass der große Leistungsbilanzüberschuss, das niedrige Investitionsniveau und der demografische Wandel eigentlich eine investitionsintensive Wachstumspolitik erforderlich machen. Die arbeitende Bevölkerung in Deutschland lebt also womöglich unter ihren Verhältnissen. Diese Debatten über die dunkle Seite des Exportweltmeistertitels werden heute durch die Fixierung auf die «schwarze Null» unterbunden.

2. «Hausaufgaben machen»

Die Vernunft der schwäbischen Hausfrau und die schwarze Null als Hausaufgabe

Zahlreiche Bürger glauben, dass sie als Steuerzahler Opfer der europäischen Krisenpolitik sind, weil die Rettungsschirme anteilsmäßig am stärksten von Deutschland finanziert wurden – die Kreditausfälle und Versäumnisse der Banken wurden sozialisiert. Die Stabilität der Eurozone hing mitunter von der Zahlungskraft des deutschen Staats ab, der auch deshalb die Konditionen der Krisenpolitik bestimmen wollte. In Europa hat Angela Merkel konsequenterweise den Ruf, eine knallharte Verhandlungsführerin zu sein, die bis zur physischen Erschöpfung ihrer Gesprächspartner am liebsten nachts verhandelt. Die deutsche Regierung verfolgt, so die Kritik, dabei eine klare Linie: *Germany first*. Selbstredend würde eine deutsche Regierung diese Losung nie so offen und plump ausgeben wie Donald Trump. Stattdessen reden unsere politischen Eliten – wie etwa die Verteidigungsministerin Ursula von der Leyen über die neue deutsche Verteidigungspolitik – von einer «Führung aus der Mitte».[45] Die deutsche Rhetorik, das zeigte sich nicht nur in der Eurokrise, folgt einer Quadratur des Kreises: Macht soll gesichert werden, indem man sich macht- und ambitionslos geriert. Der Tenor lautet, dass man ja am liebsten auch zu Hause in Berlin bleiben oder nur freundlich-diplomatische Gespräche führen würde – aber leider verlangten die Krisen dieser Welt nach politischem Engagement. Der vermeintliche neue «leader of the free world» ist eine Führungsmacht wider Willen. Schon in Platons Höhlengleichnis musste man die Philosophen ja zur Herrschaft zwingen.

Zu jener Führungsstrategie ohne offensiv proklamierten Führungsanspruch passt es, dass sich die Vorstellung einer höheren ökonomischen Vernunft in unverdächtige Metaphern und Mythen kleidet. Denn wer hält schon eine «schwäbische Hausfrau» für ein gefährliches politisches Subjekt mit Machtfantasien? Angela Merkel erklärte auf dem Stuttgarter Parteitag 2008 die Krise des Finanzmarkts so: «Man hätte einfach nur die schwäbische Hausfrau fragen sollen. Sie hätte uns eine Lebensweisheit gesagt: Man kann nicht auf Dauer über seine Verhältnisse leben.»[46] Die Schwaben wirtschaften bekanntlich so gut, dass sie den Gürtel nicht enger schnallen müssen. Sie verkörpern geradezu die mythische Losung deutscher Wirtschaftspolitik: Sparsamkeit und Export beziehungsweise Expansion. Für die britischen Zeitungen *The Economist* und *The Guardian* wurde daher das Klischee der schwäbischen Hausfrau zum Inbegriff deutscher Wirtschaftspolitik, zum Abziehbild und *Postergirl* der Austerität. Nur dass zu Beginn des Jahrtausends eben eine Kanzlerin aus der Uckermark in Südeuropa Kehrwoche machen sollte.

In ihrem stetigen Schaffen und ihrer Aufopferung bis zur Erschöpfung nimmt die schwäbische Hausfrau das Motiv weiblicher Tatkraft sowie mütterlicher Vernunft und Moral auf. Schon die mythisch verklärten «Trümmerfrauen» verkörperten die Vorstellung, dass es die Ärmel hochzukrempeln gelte, man aus eigener Kraft und mit enormem Fleiß den Entbehrungen der Nachkriegsgesellschaft entkommen könne. Tugend besteht eben auch in Tüchtigkeit, so die Umdeutung des Philosophen John Locke, für den die Tüchtigen unter den Menschen grundsätzlich ein bisschen freier und gleicher waren als ihre faulen Artgenossen.

Schwäbische Hausfrauen gelten als besonders tüchtig und tugendhaft. Im grün-konservativen Ländle muss stets alles aufgeräumt und ordentlich sein; die Regeln werden dort diszipliniert eingehalten. Allerdings gibt es ein Problem mit dieser mythisch aufgeladenen Figur der Hausfrau: Ein Privathaushalt ist kein Staatshaushalt. Die Analogie trügt, auch wenn sie seit Jahrzehnten bemüht wird. Wir erinnern uns: Schon die echte «eiserne Lady» Margaret Thatcher bemühte die Funktionsweise eines

Privathaushalts, um ihre Wirtschaftspolitik zu erläutern, und behauptete, dass ihre Regierung «wie jedes Unternehmen, ja wie jeder Privathaushalt haushalte.»[47] Schon um den Steuerzahler zu
entlasten, müsse man wie ein Unternehmen, ja wie eine «Hausfrau» agieren, so Thatcher 1983.[48]

Thatcher hing offensichtlich einer viel zitierten Erkenntnis
von Adam Smith an. Dieser schrieb schon 1776: «Was aber vernünftig im Verhalten einer einzelner Familie ist, kann für ein
mächtiges Königreich kaum töricht sein.»[49] Dieser Aphorismus –
mit dem Smith eigentlich auf die Arbeitsteilung, nicht aber auf
die Verschuldung abzielte – legt einen falschen Vergleich zwischen Staatshaushalt und Privathaushalt nahe. So unterstrich
John Maynard Keynes die Eigenlogik der gesellschaftlichen und
volkswirtschaftlichen Sphäre: Wenn ein Haushalt spart, dann hat
er zwar zu einem späteren Zeitpunkt mehr Geld zur Verfügung,
das er ausgeben kann. Wenn aber alle Haushalte gleichzeitig sparen, dann sind sie am Ende alle ärmer, weil die Ausgaben des Einen ja immer das Einkommen des Anderen bilden. Die Schulden
eines Privathaushalts sind das Investitionskapital einer Bank, die
das Geld wiederum an ein Unternehmen verleiht, damit Arbeitsplätze geschaffen werden und wirtschaftliche Dynamik sowie
womöglich größerer Wohlstand für die Allgemeinheit entstehen
können. Denn wer kauft, wer gibt aus, wer investiert, wenn alle
den Gürtel zu eng schnallen?

Vielleicht ist die schwäbische Hausfrau auch eine Häuslebaue-
rin – und das womöglich mit dem Geld ihres erwerbstätigen Ehe-
mannes. Um ihr freistehendes Eigenheim auf der Schwäbischen
Alb zu finanzieren, nimmt sie zur Finanzierung bei einer Bank
einen Kredit auf. Das auf Pump gekaufte Eigenheim versüßt
ihr trotz schmaler Mütterrente den Lebensabend: Immobilien-
besitzer sind im Schnitt glücklicher als Mieter.[50] Wenn zudem die
aktuelle Zinspolitik sensationelle Rahmenbedingungen für die

Kreditaufnahme bietet, dann sollte auch eine Schwäbin zuschlagen. In diesem Falle wäre Sparpolitik das falsche Rezept. Echte Schwaben wissen das. Sie wissen aber auch: Verschuldung muss innerhalb der eigenen finanziellen Möglichkeiten bleiben. Daher muss man stets die Bilanzen, die Einnahmen- und Ausgabenseite im Blick behalten und kann sich nicht hoffnungslos weiterverschulden.

Diesen ökonomischen Sachverstand versinnbildlicht im politischen Diskurs die schwarze Null als eine in doppelter Hinsicht symbolische Figur des Nicht-zu-viel-und-nicht-zu-wenig. Im Herbst 2014 legte der Bundestag den ersten ausgeglichenen Haushalt seit 1969 vor – wortgleich sprachen Thomas Oppermann (SPD) und Reinhard Brandl (CSU) von einer «historische(n) Zäsur».[51] Seitdem reihen sich dank Schäubles Disziplin ausgeglichene Haushalte aneinander. Die deutsche Regierung verfolgt eine Politik der Konsolidierung, die – wieder in Abgrenzung zu den südeuropäischen Verschuldungsstaaten – ein Ausweis von Tüchtigkeit sein soll. Die schwarze Null ist dank ihrer «Symbolkraft»[52] eine Metapher «für Solidarität, Seriosität und kühles Rechnen»,[53] mit der die Union – und mittlerweile auch der neue SPD-Finanzminister Olaf Scholz – staatsmännische Vernunft und Augenmaß inszeniert. Dabei wird die magische Zahl als eine politische Meisterleistung zelebriert, obwohl sie, so die Studien des Politökonomen Lukas Haffert, international gar nicht so selten vorkommt.

Gerade die Figur, ja der Mythos der schwarzen Null ist der «glänzende[] Kontrapunkt zu einer unheilvollen Tradition, die mindestens bis zum faktischen Staatsbankrott nach dem Ersten Weltkrieg zurückreicht.»[54] Der Verzicht auf Neuverschuldung ist geschichtspolitisch hochgradig aufgeladen. Schon einmal signalisierte eine «Null» in Deutschland Aufbruchsstimmung. Die «Stunde null» der frühen Bundesrepublik und die «schwarze Null» der deutschen Wirtschaftspolitik, also der Verzicht auf eine weitere Neuverschuldung, spielen mit der Idee, dass eine «Null» erstrebenswert sei: Coca-Cola verkauft eine Coke Zero, wir kämpfen um «Nullemissionen» und rufen uns bestenfalls «null problemo» zu.[55]

Genügt diese symbolische Aufladung, dass wir der Inszenierung staatsmännischer Vernunft durch schwarze Nullen Glauben schenken? Sind wir alle zu Anhängern ausgeglichener Haushalte geworden? Im November 2014 sprachen sich einer Umfrage der Forschungsgruppe Wahlen zufolge 66 Prozent der Befragten für eine Politik der ausgeglichenen Haushalte aus und lehnten eine Neuverschuldung ab.[56] Auch unter den im letzten Deutschen Bundestag vertretenen Parteien finden sich kaum laute Kritiker der mythischen Null. Jede Partei kann sie in ihr politisches Weltbild integrieren. Für die Union signalisiert die schwarze Null wirtschaftliche Kompetenz, Verlässlichkeit und Verantwortung. Sie wird bei CDU und CSU Teil eines wertkonservativen, christlichen Selbstverständnisses, weil Schulden letztlich ja unmoralisch seien (siehe oben). Für die FDP wiederum folgt der Verzicht auf Neuverschuldung einem marktliberalen, progressiven Ansatz und steht exemplarisch für einen schlanken Staat, der die Ausgabenseite strikt kontrolliert und damit Steuersenkungen ermöglicht. Die sozialdemokratische Lesart der schwarzen Null kann den Fokus auf den Aspekt einer Generationengerechtigkeit lenken. Statt für die Mehrkosten durch Zinstilgung aufzukommen, könnte ein starker Staat mehr Geld für Renten, Wohlfahrt und Kinder ausgeben. Schulden belasten zukünftige Generationen, ohne dass diese ein Mitspracherecht bei der Verwendung der schon verausgabten Mittel hätten. Schulden bergen insofern ein demokratietheoretisches Problem.

Überhaupt beinhaltet eine Null-Neuverschuldung für Linke auch ein Versprechen: Bis zu einem gewissen Grad kann man sich durch weniger Schulden aus den Fängen des wildgewordenen Finanzmarkts befreien und die fiskalische Souveränität der Demokratie retten bzw. wiederherstellen. Das Sparen muss folglich nicht zwangsläufig von Troikas diktiert sein, sondern kann auch einem demokratischen Willen entspringen. Neue fiskalische Spielräume könnten sich dereinst öffnen, die dann aber wieder Risiken bergen – weil sie Regierungen womöglich wieder zum munteren Ausgeben einladen, um in der Wählergunst zu steigen. Wenn Politikern keine externes Disziplinierungsgremium wie die Troika im Nacken sitzt, können sie sich die freigebigen Hände schließlich auch selbst binden. Diese Lehre hat man aus der Eurozonenkrise gezogen und «Schuldenbremsen» gesetzlich verankert. Der europäische Fiskalpakt, den die europäischen Staaten 2012 (ohne Großbritannien) als Vertrag internationalen Rechts unterzeichneten, fordert für alle Mitgliedstaaten der Eurozone ausgeglichene Staatshaushalte und Korrekturmechanismen, die in die Verfassung der jeweiligen Mitgliedstaaten aufgenommen werden sollen.

Warum sollten uns fiskalische Details wie eine «Schuldenbremse» interessieren, wenn wir doch etwas über den Sound der Macht lernen wollen? Auch wenn man mit dem politischen Ziel eines solchen Mechanismus durchaus sympathisieren kann, dient er dazu, die Schuldenbedienung als übergeordnetes politisches Ziel festzulegen. Die Schuldenbremse konstitutionalisiert einen haushaltspolitischen Sachzwang[57] und schränkt die Wähler- und Regierungssouveränität über die Verwendung öffentlicher Mittel von vornherein ein. Ändern sich künftig etwa die politischen Mehrheitsverhältnisse, soll es unmöglich sein, die fiskalische Bindung an die Bremse demokratisch rückgängig zu machen. Genau deswegen wollte Angela Merkels Regierung ein solches technokratisch-funktionales Arrangement in Deutschland und Europa: «Man kann also niemals sozusagen durch neue Mehrheiten in einem Parlament verändern, dass diese Schuldenbremsen auch gelingen. Die Europäische Kommission wird überprüfen, ob die Schuldenbremsen richtig eingeführt sind.»[58] Hier plädierte Angela Merkel erneut in unverdächtiger Manier dafür, die Spielräume politisch gewählter Repräsentanten auf Dauer einzuschränken und mehr supranationale Kontrolle und Technokratie zu wagen.

Warum schaffen Regierungen «ausgabenbegrenzende[] Institutionen mit Ewigkeitsgarantie»,[59] warum binden sich angeblich machtversessene Politiker selbst die Hände? Aus der Eurozonenkrise haben Politiker die Lehre gezogen, dass Schuldenbremsen Staaten helfen, in der Bekämpfung ihres Schuldenvolumens glaubwürdig zu wirken. Schuldenstaaten dienen sie dazu, eine rigide Sparpolitik gegenüber der eigenen Bevölkerung zu verfolgen – diese wird nun tatsächlich qua Gesetz *alternativlos*. Die Selbstverpflichtung politischer Akteure ist Ausdruck eines Misstrauens gegenüber einem vermeintlich unvernünftigen Parteienwettbewerb; sie beschränkt parlamentarische Rechte und ist damit Symptom für «[...] den Verlust des Vertrauens der politischen Elite in die Fähigkeit demokratischer Institutionen, wichtige Probleme eines Landes zu lösen.»[60] Genau hier zeigt sich, dass ein Instrument wie die Schuldenbremse mit gängigen Vorurteilen gegenüber Politikern kokettiert und wichtige politische Akteure in ihrem Sound der Macht oft selbst klassische Topoi zeitgenössischer Politikverdrossenheit instrumentalisieren.

Seit Jahrzehnten wird den Bürgern erzählt, dass Politiker vor allem die Vergrößerung und Verstetigung ihrer eigenen Macht interessiert. Statt sich langfristigen Zielen zu verschreiben, würden sie gedanklich im kurzsichtigen Zyklus demokratischer Wahlen verharren und den Bürgern kurz vor dem Urnengang ökonomisch unsinnige Wahlgeschenke machen, statt unliebsame, aber notwendige Entscheidungen zu treffen. Die üblichen Demokraten orientieren sich demzufolge nicht an wirtschaftlichen, sondern an politischen Konjunkturzyklen. Um gesellschaftliche Konflikte zu befrieden, würden Politiker am liebsten immer mehr Geld ausgeben und den Wohlfahrtsstaat ausbauen. Mit Guido Westerwelle gesprochen, sind Politiker selbst die Totengräber der spätrömischen Gesellschaft, weil sie aus politischem Kalkül Dekadenz fördern. Der Wohlfahrtsstaat berge eine ihm innewohnende Tendenz zur Selbstvergrößerung – und damit zur strukturellen Überforderung des Staates. Da Politiker auf ihre Wiederwahl angewiesen sind, trägt die Demokratie also ein systemisches Risiko wirtschaftlicher Irrationalität in sich. Konsequenterweise plädierten neoliberale Autoren wie Friedrich A. Hayek oder James M. Buchanan für eine Einhegung und Begrenzung der Demokratie – im extremen Fall lieben Neoliberale eine wirtschaftsfreundliche Technokratie. Da sich diese im demokratischen Zeitalter aber nicht ohne Probleme fordern oder gar verwirklichen lässt, muss man einen Mittelweg gehen: Demokratische Politik muss sich selbst institutionell und prozedural maßregeln und kontrollieren, so wie sich einst Odysseus an den Mast seines Schiffes binden ließ, um dem verführerischen Gesang der Sirenen nicht zu erliegen.

Indem Politiker wie Merkel den Bürgern nun erzählen, dass gesetzlich verankerte und extern kontrollierte Schuldenbremsen das verschwenderische Gebaren mancher Regierungen stoppen, mögen sie zwar ein unbequemes Problem aussprechen und angehen. Auf der einen Seite gewinnen sie dadurch an Glaubwürdigkeit – zumindest auf den Finanzmärkten. Nach dieser Logik wird es zum Verdienst von Politikern, sich an die Auflagen zu halten. Aber begreifen wirklich auch die Wähler ein solches Sparen um jeden Preis als Verdienst? Eigentlich dürften sie an der Einhegung der politischen Gestaltungsmöglichkeiten von morgen kein gesteigertes Interesse haben. Im Grunde genommen handelt es sich hier um eine Parallele zur legitimen verfassungsmäßigen Begrenzung der Demokratie um ihrer selbst willen. Moderne, liberale Demokraten haben verstanden, dass Macht mit Machtmissbrauch einhergeht, und haben genau daher institutionelle und rechtsstaatliche Schranken in das politische System eingebaut. Durch diese Selbstbeschränkung dezisionistischer Macht mittels Gewaltenteilung und «*checks and balances*» verfügen paradoxerweise moderne Regierungen über mehr Legitimität und Macht.[61] Moderne, wirtschaftsliberale Demokratieskeptiker wollen nun aus ganz ähnlichen Motiven den politischen Odysseus an den Mast binden. Zur Sicherung einer spezifischen Rationalität bedarf es aus ihrer Sicht der politischen Einhegung von fiskalpolitischem Dezisionismus.

Internationale Vergleiche zeigen tatsächlich, dass vor allem «Einschnitte bei den Staatsausgaben und eine institutionelle Beschränkung politischer Entscheidungsräume» die Bedingung dafür sind, dass Regierungen schwarze Zahlen schreiben können.[62] Schuldenabbau oder -ausgleich bedeutet hingegen nicht, dass größere politische Gestaltungskraft oder Handlungsspielräume erschlossen werden. Auch bei ausgeglichenen oder überschießenden Haushalten dreht sich die politische Debatte vor allem um Steuersenkungen, nicht um Investitionen in die Zukunft, in Bildung etwa oder in die Gesundheit einer alternden Bevölkerung. Die letzten Jahre haben gezeigt, dass die schwarze Null selbst zu einer «Diskursbremse» geworden ist, indem sie dazu dient, «notwendige Reformdebatten zu unterbinden.»[63] Was die TINA-Rhetorik für die vermeintliche Rettung Griechenlands war, ist der Fetisch der schwarzen Null für das Wohl der Deutschen.

Doch unter Wirtschaftswissenschaftlern herrschen durchaus kontroverse Meinungen über die schwarze Null: Zwar begrüßen sie einen Abbau staatlicher Defizite und ausgeglichene Haushalte mehrheitlich, verbinden ihre Argumentation aber mit der Forderung nach «flexiblere(n) und vor allem langfristige(n) Ziele(n)».[64]

Angesichts der schlechten Konjunkturlage innerhalb der Eurozone schlagen manche Ökonomen vor, dass zum Beispiel ein
strukturelles Defizit von zwei Prozent dabei helfen könnte, «die
Nullzinsphase für höhere Neuverschuldung zu nutzen und zu-
sätzliche Nachfrage im Euroraum zu schaffen»[65] – oder auch dabei dem demographischen Wandel zu begegnen.

Zudem verweisen viele Ökonomen darauf, dass die Selbststili-
sierung Schäubles zum fiskalpolitischen Odysseus die Kausalitäten verdreht: Ausgeglichene Haushalte sind meistens eine Folge,
nicht die Bedingung wirtschaftlicher Prosperität. Schäuble, der
eigentliche Profiteur wirtschaftlichen Aufschwungs, wird fälsch-
licherweise zu dessen Urheber. Der Ökonom Lukas Haffert hat
gezeigt, dass «die schwarze Null weniger einer harten Sparpolitik, sondern vor allem günstigen Rahmenbedingungen zu verdanken war. Die erlaubten es dem Bund, seinen Anteil an der Ge-
samtwirtschaft deutlich zu senken, ohne dafür schmerzhafte
Einschnitte durchsetzen zu müssen.»[66] Im Gegensatz zu Vorgän-
gerregierungen nutzte «die Bundesregierung die günstigen Rahmenbedingungen.»[67]

Jede zukünftige Regierung wird sich jedenfalls schwertun, offen mit dem «Null-Prinzip» zu brechen. Gerade weil deutsche
Politiker aufgrund der Eurozonenkrise die Konsequenzen von
Verschuldung und die fiskalischen Probleme anderer Staaten als
gravierend einschätzen, sind sie überwiegend Anhänger der
schwarzen Null.[68] Diese symbolisiert nun nicht mehr nur wirtschaftlichen Erfolg und fiskalische Selbstdisziplin, sondern auch
eine Krypto-Machtposition auf internationaler Ebene, welche die
deutsche Regierung allein durch fiskalische Autorität errungen
hat. Als Export- und Fußballweltmeister konnte der softe Hege-
mon Deutschland zuletzt brillieren, ohne dass sich seine Bürger
noch Pickelhauben aufsetzen mussten. Allerdings verklingt all-
mählich das Lied von der moralisch integren schwäbischen Haus-

frau, die die Früchte ihrer Schulzeit erntet, in der sie fleißig ihre Hausaufgaben gemacht hat – und deren Kinder auf dem Bolzplatz brillieren.

Der alte Sound verfängt nicht mehr

Gerade in der Wirtschaft, einem Bereich von scheinbar nüchterner Rationalität, schnöden Zahlen und Kalkulationen gedeihen Metaphern und mythische Figuren. Die Diskussion um «Hausaufgaben», die es zu machen gelte, die durch EU-Sanktionen und EU-Kommission überwachte Schuldenbremse und die Aufladung der schwarzen Null zum Glanzstück fiskalpolitischer Verantwortung sind Symptome einer rhetorisch schiefen politischen Debatte. Während die Floskel der «Hausaufgaben» politische Entscheidungen zu pädagogischen Problemen stilisiert, die man letztlich nur im Gestus eines aufmüpfigen Schülers anfechten kann, betrügt uns die Analogie zur schwäbischen Hausfrau um eine transparente Kommunikation der Komplexität von fiskal- und wirtschaftspolitischen Fragen. Bürger fühlen sich mit den Metaphern aus ihrer eigenen Lebenswelt zu wohl und können leicht dazu verleitet werden, private Vorurteile, Klischees, Stereotype und Ressentiments kurzerhand auf politische Zusammenhänge wie die Europäische Währungsunion mit ihren distinkten Wirtschaftssystemen und Wirtschaftsphilosophien zu übertragen. Dass auch – um im Bild zu bleiben – die verschuldete hanseatische Businessfrau, die rechtzeitig einen *hair cut* durchführt, um sich aus der Insolvenz zu retten, ein legitimes politisches Sprachbild sein könnte, steht auf einem anderen Blatt.

Der Schuldendiskurs bremst eine echte politische Debatte aus, weil er weniger um die politische Gestaltung der Zukunft als um alte Rezepte des Sparens kreist. Gerade junge Wähler wünschen sich einen politischen Aufbruch jenseits der alten fiskal- und haushaltspolitischen Dogmen. Gespart wird nur an bestimmten Stellen – den Rentnern etwa sicherten die Koalitionäre Anfang 2018 hingegen gleich wieder ein paar stimmenbringende Wohltaten zu. Stattdessen warten wir Jungen immer noch auf eine Antwort auf die drängenden Probleme, die uns umtreiben: beispielsweise auf die Digitalisierung oder den demographischen Wandel. Beides erfordert große Investitionen. Laut einer Zukunftsprognose des IT-Branchenverbands Bitkom wird in absehbarer Zukunft jeder zehnte Arbeitnehmer aufgrund von Robotern und Algorithmen seinen Job verlieren.[69] Wir brauchen Mut zu den großen politischen Debatten der Zukunft – keine dritte GroKo unter Merkel und Scholz, die sich zwar schuldbewusst einen Mini-Paragraphen zur Digitalisierung ins Sondierungspapier schreibt, um sich dann vor allem im parteilichen Kleinklein über das Ende des Solidaritätszuschlags zu streiten oder temporäre Rentenerhöhungen in einer alternden Gesellschaft zu beschließen.

Ob nun von Hausaufgaben gesprochen wird oder Schuldenbremsen glorifiziert werden – in der (wirtschafts-)politischen Rhetorik der letzten Jahrzehnte manifestierte sich immer wieder dieselbe neoliberale Politikskepsis, wenn nicht gar «Politikverdrossenheit». Neoliberale Autoren und Denkweisen sind misstrauisch gegenüber politischer «Einmischung» und Staatstätigkeit und beschwören immer wieder die Ineffizienz der Politik. Die durch eine Politik der Deregulierung beförderte Globalisierung und der globalisierte Finanzmarktkapitalismus haben den Eindruck entstehen lassen, politische Akteure hätten heute kaum noch Deutungs- oder Gestaltungshoheit. Sie steckten – um mit dem Soziologen Wolfgang Streeck zu sprechen – in der «marktgerechte[n] Zwangsjacke»[70] eines «autoritären Kapitalismus».[71] In diesem würden demokratische Handlungsspielräume eingegrenzt, indem sich Regierungen an den Interessen transnationaler Unternehmen und internationaler Finanzmärkte orientieren müssten und miteinander in einem Konkurrenzverhältnis stünden. Die jüngere Kontroverse um eine «marktkonforme Demokratie» hatte Angela Merkel mit einer Aussage paradoxerweise selbst provoziert: «Wir leben ja in einer Demokratie und sind auch froh darüber. Das ist eine parlamentarische Demokratie. Deshalb ist das Budgetrecht ein Kernrecht des Parlaments. Insofern werden wir Wege finden, die parlamentarische Mitbestimmung so zu gestalten, dass sie trotzdem auch marktkonform ist, also dass sich auf den Märkten die entsprechenden Signale ergeben.»[72] Wie steht es heute um das Verhältnis parlamentarischer, ja politischer Selbstbestimmung, wenn doch weiterhin die Erwartungen der Marktakteure wie ein Damoklesschwert über der Politik hängen?

Während die These von der politischen «Zwangsjacke» spätestens seit der Neuausrichtung der Sozialdemokratie im Dritten Weg von Tony Blair und in der Neuen Mitte Gerhard Schröders bei globalisierungs- und kapitalismuskritischen Linken konsensfähig schien, hat sich im Zuge der Eurozonenkrise der politische Diskurs verschoben. Nicht länger rufen nur scheinbar anachronistische Linke angesichts der Beschwörung wirtschaftlicher Sachzwänge nach einer Selbstermächtigung des demokratischen Souveräns, nach einem demokratischen Aufstand gegen eine Herrschaft der Technokraten und nach einer Kritik neoliberaler Dogmen. Austerität ist zum Schimpfwort geworden, und die Troika, insbesondere die Europäische Kommission zum Antlitz einer technokratischen, doktrinären Politik der Staatskonsolidierung auf dem Rücken der Ärmsten – oder eben der deutschen Steuerzahler. Sowohl in der linken als auch in der rechten Kritik der Gegenwart findet sich – wohlweislich aus verschiedenen Gründen und mit anderen politischen Motiven – die These eines postdemokratischen Establishments, das sich gegen die Bedürfnisse und legitimen Interessen des Volks abschotte. Es ist nicht weiter verwunderlich, dass langjährige SPD-Wähler ihr Kreuz mittlerweile im anderen Lager machen und zu AfD-Wählern mutiert sind.

Der verstärkte Eingriff in die nationalstaatliche Gesetzgebung im Rahmen der europäischen Krisenpolitik hat das Dilemma zwischen demokratischer Legitimität durch Mitsprache und Teilhabe, Transparenz und Zurechenbarkeit einerseits und makroökonomischen Steuerungszielen andererseits verdeutlicht. Es bleibt zu klären, wie man Politiker und politische Institutionen heute noch konstruktiv kritisieren kann, ohne den Argumenten rabiater Europafeinde und Nationalisten auf den Leim zu gehen.[73] Auch EU-Skepsis muss ja erlaubt sein. Wenn nationalstaatliche Politik in einem potenziellen Spannungsfeld zu selbstgegebenen Auflagen steht und nationale Parlamente lediglich «post hoc» Legitimität stiften können, lohnt sich der offene Streit über die Frage, wie sich in inter- und supranationalen Organisationen die Beständigkeit demokratischer Volkssouveränität gewährleisten lässt. Solche Fragen prägen doch das politische Diskursklima, in dem die populistischen Rufe nach einer Wiederherstellung der Volkssouveränität erst florieren können. Wir müssen künftig offen, wenn auch anders darüber diskutieren.

Selbstredend sind die Versäumnisse politischer Kommunikation und der Sound der Macht der letzten Jahre nicht die alleinigen Gründe für den Aufstieg des grassierenden (Rechts-)Populismus. Über dessen Nährboden und Mobilisierungskraft lässt sich lange und differenziert streiten. So ist zum Beispiel über subjektive Wahrnehmungen relativer Deprivation in der Mittelschicht zu sprechen, deren Privilegien durch die Umbrüche in einer globalen, pluralistischen Migrationsgesellschaft und durch die Verwerfungen des globalisierten Kapitalismus unter Beschuss geraten.

2. «Hausaufgaben machen»

Gegen politisch geschürte Verlustängste und nationalistische Ressentiments lässt sich nur schwer mit der Einsicht ankämpfen, dass vor allem Deutschland ein Gewinner der Europäischen Währungsunion ist. Zwar versuchte auch Angela Merkel, den Deutungskonflikt über Kosten und Nutzen der Eurozone zu entschärfen, und erklärte seinerzeit: «Europa hat sich handlungsfähig gezeigt. Was wir Deutschen für einen stabilen Euro aufwenden, bekommen wir um ein Vielfaches zurück.»[74] Doch die Dissonanzen des politischen Diskurses und der demokratischen Herrschaft innerhalb der EU entfalten längst ihre Wirkung: Zu oft wurde den Bürger erzählt, dass andere über ihre Verhältnisse lebten und ihre Hausaufgaben nicht erledigt hätten.

Dass heute einige Bürger über die toxischen Phrasen, über die «Hausaufgaben» und die «Alternativlosigkeit» nur noch müde lächeln oder sich entnervt abwenden, zeigt, dass dieser Sound von gestern ist. Er ist symptomatisch für das Scheitern einer rhetorischen Strategie, durch die Politik zu einer Sachangelegenheit ohne die Möglichkeit zu demokratischem Aufbegehren umgedeutet werden sollte. Doch hat dieser Sound die Debatte um das Spannungsfeld zwischen Demokratie und Kapitalismus am Ende neu entfacht. Populistische Forderungen nach einer Selbstermächtigung politischer Akteure geben gegen vermeintliche Sachzwänge und politische Notwendigkeiten die Losung aus: *Wir* entscheiden, das Volk entscheidet.

Kapitel 3

«Wir sind das Volk»
Die diskursive Privilegierung der Unterprivilegierten

Montagabend in Dresden. Lutz Bachmann hat sein gutes Jackett an, die Ordner tragen Armbinden, die Bürger sind besorgt. Aus Sorge gehen sie «spazieren» und halten wehende Fahnen in den Abendwind. Sie lauschen Rechtsintellektuellen wie Götz Kubitschek oder politisch Gestrandeten wie Tatjana Festerling und skandieren immer wieder «Wir sind das Volk» und «Merkel muss weg». Auf ihren hochgehaltenen Plakaten oder gebastelten Galgen finden sich ab und zu Rechtschreibfehler. Das kann passieren, wenn man wütend ist. Und in den Gesichtern spiegelt sich Wut. Die Spaziergänger treffen sich als «Pegida», als «patriotische Europäer gegen die Islamisierung des Abendlands», und beschimpfen die Bundesregierung oder die Abgeordneten des Deutschen Bundestages aus Patriotismus als «Volksverräter». Die anwesenden Journalisten werden zeitgleich als Vertreter der «Lügenpresse» niedergebrüllt, die mit ihren «fake news» nur zu vertuschen versuchten, dass gewählte Politiker das deutsche Volk einer unkontrollierten Migration opfern und die «deutsche Kultur» dadurch mitsamt dazugehörigem Weihnachtsliedgut preisgeben. Die Angst geht um, dass die eigenen Töchter eines Tages – sofern ihre Geschlechteridentität durch den liberalen Sexualkundeunterricht bis dahin nicht schon vollends zugrunde gerichtet wurde – eine Burka tragen müssen, statt einem deutschen Mann in einer gleichberechtigten Partnerschaft «den Rücken freihalten» zu dürfen. Zu allem Überfluss machten sich die Deutschen auch noch selbst zu Opfern eines «Schuldkults»,[1] der sie an einer schonungslosen Kritik der «linksversifften» Gegenwart hindere und stattdessen zu EU-Apologeten und Kosmopoliten wider Willen verdamme.

Seit Jahren hören wir diese Stories. Geschichtspolitischen Revisionismus, Aggressionen, Beleidigungen, Schmähungen, Verleumdungen. Hetze gegen Ausländer, Flüchtlinge, gegen das «Establishment», gegen Gleichstellungspolitik und Gender Mainstreaming. Gegen jede statistische Evidenz geht in Deutschland das Gespenst der Islamisierung um. Wie kann man, wie soll man auf die brutale politische Sprache der Demonstranten und ihrer Sympathisanten reagieren – soll man mit ihnen sprechen, sie ignorieren? Sie erforschen und verstehen? Sie belehren? Seit geraumer Zeit fragen wir uns, ob man mit Pegida-Aktivisten oder mit Menschen, die gewählte Politiker im nationalsozialistischen Jargon des Volksverrats bezichtigen, argumentieren, ob man sich auf eine Diskussion mit ihnen einlassen kann, ohne schon durch das bloße Dialogangebot ihren Standpunkt zu einer dialogfähigen, zu einer sagbaren und diskutablen politischen Position zu adeln. Der begründete Vorbehalt gegen vorbehaltloses Zuhören speist sich aus dem Eindruck, dass dieses selbsternannte «Volk» keine rational nachvollziehbaren Argumente hat, sondern nur mit Ressentiments und emotionalen Reflexen operiert. Aber wer entscheidet, was Meinung und was Ressentiment ist? Auch wenn manche der Themen, die vom Protest der «besorgten Bürger» und «Neuen Rechten» aufgeworfen werden, altbekannte Fragen der modernen Demokratie wie etwa die nach dem Verhältnis von Volksbegriff und ethnischer, kultureller und religiöser Zugehörigkeit berühren, gibt es ein Problem: Bereits eine bestimmte Art, die eigene (Protest-)Haltung zu artikulieren, macht jegliches Bemühen um Kompromiss, um Dialog und politische

Vermittlung – ja um demokratisches Miteinandersprechen – unmöglich. Es macht einen Unterschied für die politische Diskussion, ob jemand die Flüchtlingspolitik der Bundesregierung als fehlgeleitet und womöglich kurzsichtig kritisiert oder wie der gewählte Thüringer AfD-Politiker und heutige Bundestagsabgeordnete Stephan Brandner fordert, Merkel müsse man «Anklagen. Einknasten. So.» Derselbe Politiker geht übrigens auch davon aus, eine syrische Familie bestehe aus «Vater, Mutter und zwei Ziegen».[2]

Klingt so etwa der neue Sound der Politik? Hat sich politische Kommunikation nicht vielmehr erübrigt, wenn die eine Seite jegliches Entgegenkommen, jegliche Chance auf Verständigung mit ressentimentgeladenen Slogans blockiert? Anders herum gefragt: Wenn man mit Demonstranten und Politikern, die sich selbst als «das Volk» und als «schweigende Mehrheit» begreifen, nicht mehr spricht oder sprechen will, was sagt eine solche Diskursverweigerung über den Zustand der demokratischen Kultur aus?

Nun könnte man argumentieren, dass Phänomene außerparlamentarischen Protests wie Pegida noch kein großes Problem für die Politik darstellen müssen. Irgendwo brüllen immer ein paar Rechte ihre dumpfen Parolen, in Maßen muss das eine liberale politische Kultur aushalten können. Solange keine Straftaten geplant oder begangen werden, hilft bisweilen wehrhaftes Desinteresse. Doch mit Pegida und zeitweiligen Ablegern wie Legida, Pegida Bayern usw. hat sich das Diskursklima in Deutschland verändert. Auch wenn sich deutsche Wohlstandsbürger bemühen, das Problem manifester Fremdenfeindlichkeit und Islamophobie als ein ostdeutsches bzw. sächsisches Problem zu externalisieren und damit strukturellen Rassismus, institutionelle Diskriminierung und eigene Vorurteile zu verharmlosen, zeigt sich an den Entwicklungen der letzten Jahre eine eindeutige

Rechtsverschiebung des politischen Diskurses: Rechte Sprache, rechte Rhetorik und rechte Politik sind auch in der Mitte der Gesellschaft angekommen und können sich infolgedessen als Bestandteile eines vermeintlich genuin bürgerlichen Protests inszenieren. Abgesehen von den wiederkehrenden, ja gewissermaßen systematischen Verbalausfällen einiger Scharfmacher nehmen die meisten Akteure des rechtsnationalen Protests gezielt politische Argumente auf, die vielen Bürgern erst einmal mehrheitsfähig erscheinen. Sie rufen nach mehr Demokratie, nach mehr Freiheit – und halten ihre politischen und sozialen Rechte trotzdem für exklusiv. Das «Wir», das argumentativ in Stellung gebracht wird, hat ein Gegenüber: ein vermeintlich minderwertiges, auszuschließendes Fremdes.

Eine auf bestimmte gesellschaftliche Minderheiten bezogene Menschenfeindlichkeit ist bei weiten Teilen der Bevölkerung salonfähig. Vielleicht war sie das schon immer. Mittlerweile aber verschwindet sie nicht länger in den schummrigen Ecken von Kneipen und Wirtshäusern. Soziale Medien wie Facebook bringen die Pöbeleien ans Licht privatisierter Öffentlichkeiten.[3] Da posten dann Mitarbeiter der AfD Salzgitter nach dem Einzug der Partei in den Deutschen Bundestag im September 2017 auf Facebook Kommentare wie (O-Ton): «Die nächste Phase im Krieg gegen dieses widerwärtigste System das je auf deutschem Boden existierte nimmt nun ihren Anfang.»[4] Oft werden solche Posts zwar schnell wieder gelöscht, aber die rechten Pöbeleien verbreiten sich durch die ungefilterten sozialen Medien nun deutlich leichter. Die Hemmschwelle ist merklich gesunken. Die einen pöbeln online, die anderen halten bei Demonstrationen Galgen in die Luft, die für Angela Merkel und Sigmar Gabriel reserviert sind.[5] Noch in seiner Doppelfunktion als SPD-Vorsitzender und Bundesminister hatte Gabriel rechtsradikale Randalierer im sächsischen Heidenau kurzerhand als «Pack» bezeichnet.

In dieser neuen Konstellation einer enthemmten politischen Sprache, in der vulgärdemokratische Rechtsnationale die Zeichen der Zeit auf ihrer Seite zu haben scheinen, ist Pegida nach wie vor das exzentrische «zivilgesellschaftliche» Gesicht des Protests – und die AfD ist ihr parlamentarisches Antlitz. Sie ist das Sprachrohr von Volkes dumpfer Stimme im System. Einer ihrer schärfsten Beobachter und Kritiker, der FAZ-Journalist Justus Bender, nennt die Parteispitzen der AfD deshalb auch «die Posterfiguren des Zeitgeists».[6] Die Wahlerfolge der AfD verdeutlichen die tektonischen Verschiebungen in der deutschen Parteienlandschaft und im gesellschaftlichen Diskurs. Zwar versucht die Parteiführung immer wieder eine «Kontaktsperre» einzuführen, indem sie exponierte Mitglieder wie Björn Höcke dazu anhält, nicht bei Pegida-Demonstrationen aufzutreten. Allerdings spielt die immer einflussreichere «patriotische Plattform» der AfD dabei schon lange nicht mehr mit. Deshalb konnte der beurlaubte Gymnasiallehrer Höcke im Mai 2016 unverhohlen erklären: «Pegida ist ein Katalysator für uns.»[7] Letztlich geht es der AfD darum, die Stimmungen im Lager der Pegida-Demonstranten einzufangen und im Parlament abzubilden.

Wie alle populistischen Parteien setzt die AfD auf die Inszenierung politischer Tabubrüche. Noch der gefallene Engel – die aufgrund eines parteiinternen Führungsstreits direkt nach der Bundestagswahl 2017 aus der Partei ausgetretene Frauke Petry – hat die systematische Grenzüberschreitung, provokative Konventionsverletzung und spätere Relativierung als Dreischritt des politischen Selbstmarketings perfektioniert. 2017 war sie sich nicht einmal zu schade, für ihre politischen Ziele ihren neugeborenen Sohn zu instrumentalisieren. Auf einem Wahlplakat hielt sie ihr kleines Baby in den Armen, blickte überlebensgroß jedem Fußgänger, Fahrrad- oder Autofahrer herausfordernd in die Augen und fragte: «Und was ist Ihr Grund für Deutschland zu kämpfen?» Wenn der Untergang des Abendlandes und die religions- und gesellschaftspolitische Apokalypse drohen, kann sich die anrüchige Politisierung des Privaten schon einmal lohnen. Der subversive Gestus der AfD ist durch solche gezielten Tabubrüche und programmatischen Provokationen entstanden, mit denen der vermeintlich bevorstehende «große Austausch»[8] doch noch abgewendet werden soll. Dass sich Petry nach ihrem strategisch missglückten Parteiaustritt nun in Unschuld wiegt, ist eine Farce, die – wenn überhaupt – bei Bernd Lucke gerade noch als Tragödie durchgehen konnte.

Vom agitatorischen Krawall der Populisten lässt sich der «chloroformierende»[9] Tenor einer Politikerin wie Angela Merkel abgrenzen, die ihre eigenen, stets gut besuchten Wahlkampfveranstaltungen mit den Worten kommentiert, sie könne sich «nicht beklagen, dass niemand kommt zu meinen Darlegungen».[10] Das Wort Darlegung meint wohlgemerkt keine dialogische Willensbildung und impliziert vor allem auch keine streitbare und kontroverse Positionierung, sondern verweist auf eine leidenschaftslose, nüchterne Schilderung von Sachverhalten – meistens durch Behörden. Merkel ist ihre eigene Dialogbehörde, die eine Sprache perfektioniert hat, in der am Ende eines Satzes niemand mehr weiß, ob überhaupt eine – und wenn ja: welche – inhaltliche Position artikuliert wurde. Auch der ehemalige ZDF-Chefredakteur Nikolaus Brender kritisierte Merkels Wahlkampfstrategie und ihre Auflagen für das TV-Duell mit Martin Schulz mit den Worten: «Merkel macht einen Wahlkampf im Schlafmodus. Ein Fernsehduell, das Funken schlägt, würde nur stören.»[11]

Ihre politische Kommunikationsroutine lässt vielfach Sedimentierungseffekte erkennen. Doch Merkels Chloroform (Roger Willemsen) benebelt längst nicht mehr alle Bürger – ja nicht einmal mehr die Union. Die politische Ruhe, die sich bis vor kurzem noch ihrer mütterlichen Politikvorsorge verdankte, ist einer seltsamen Sehnsucht nach politischem Konflikt, nach Aufbegehren, einem personellen und politischen Neuanfang und einer neuen Lust am Krawall gewichen. Statt dass moderate politische Kräfte dieses Begehren nun auffangen und den Krawallbrüdern genauso glaubhaft wie charismatisch den Wind aus den Segeln nehmen, können sich die Populisten am Rande des Parteienspektrums mit ihrer Lust an der politischen Ruhestörung einrichten.[12]

Bevor wir aber gleich den Untergang der liberaldemokratischen (Debatten-)Kultur beschwören, lässt sich zunächst einmal feststellen, dass Bewegungen und Parteien wie die AfD den demokratischen Diskurs auf eine paradoxe Weise immer auch ein Stück weit beleben. Ihr Auftritt kann auch eine Chance für die wahren Demokraten sein. Soeben haben wir uns noch über die technokratische Unsprache und das Gerede von der Alternativlosigkeit unserer Politiker echauffiert. Beklagten auch unsere Intellektuellen vor kurzem noch die Entpolitisierung in der «Lethargokratie»[13], kommt durch die Politisierung von rechts nun immerhin Bewegung ins Spiel. Die alten Narrative und Floskeln werden herausgefordert, sie werden durch den Populismus entzaubert. Jetzt müssen wir nur noch den Populismus entzaubern.

In Zeiten der Polarisierung wird wieder kontrovers um Positionen, Normen und Werte gestritten. Das ist schon einmal etwas wert. Angesichts der «populistischen Bedrohung» geht es (wieder) um etwas – selbst der prominente Sozialpsychologe Harald Welzer, der noch vor wenigen Jahren aus politischer Frustration und aus Verdruss zur Nichtwahl aufrief,[14] machte aus Sorge vor den «Feinden der offenen Gesellschaft» und voller Emphase für die Demokratie bei der Bundestagswahl 2017 wieder ein Kreuz in der Wahlkabine.[15] Akteure wie Pegida und AfD in Deutschland, aber auch Marine Le Pen in Frankreich und Geert Wilders in den Niederlanden mobilisieren und organisieren Protest. Bestimmte politische Strömungen und gesellschaftliche Positionen werden dadurch erst sichtbar. Aber die liberalen Demokraten müssen schleunigst aus der Defensive kommen, wenn die aufgeheizte Atmosphäre keiner Friedhofsruhe weichen soll.

Jene Bewegungen und Parteien artikulieren Forderungen, auf die man heute mehr denn je offensiv, ja mit offenem Visier reagieren sollte. Ob politisch engagiert oder nicht, wir alle reden tagtäglich mit Menschen, die ausländerfeindliches und diskriminierendes Gedankengut teilen. Den Studien zum «Extremismus der Mitte» zufolge bejahen zum Beispiel über 40 Prozent der Deutschen die Aussage, dass Muslimen die Einwanderung nach Deutschland generell verboten werden müsse.[16] Es gibt genügend Gründe, den Streit zu suchen. Aber welches Vokabular steht uns überhaupt noch zur Verfügung, wenn doch neuerdings so viele emanzipatorische Begriffe von rechts belegt werden?

Volk – eine Chiffre des Aufstands

Vor allem der Volksbegriff enthält eine Menge Zündstoff. Wie kommt es, dass die Pegidisten montagabends in Dresden völlig ironiefrei skandieren, sie seien «das Volk»? Einst haben die Montagsdemonstrationen den friedlichen Sturz des SED-Regimes befördert. Allein die strategische Wiederholung dieses historischen Demonstrationsmusters suggeriert, dass sich «das Volk» auch heute wieder aus den Klauen eines Unrechtsstaats befreien müsse. Ruft hier also ein frustrierter Teil des demokratischen Souveräns nach mehr Sichtbarkeit, wenn nicht gar nach einem politischen Umsturz? Artikuliert sich in dieser Ansammlung von Dresdner Bürgern, Polittouristen und Agitatoren der rechten Szene überhaupt ein Teil des souveränen «Volks»? Und was bedeutet der Schlachtruf «Merkel muss weg» – handelt es sich um die Forderung nach demokratischen Neuwahlen oder um eine populistische Selbstermächtigung der *Plebs*? Wofür steht mittlerweile der Name «Merkel» – nur für ihre Person, für ihren politischen Stil der «Darlegung» oder stellvertretend gleich für einen ganzen Diskurs, ein ganzes System und eine ganze politische Ordnung?

Nehmen wir einmal an, dass unter dem Schlachtruf «Volk» eine bis dato un(ter)repräsentierte oder unterdrückte Gruppe ihre Stimme erhebt, um bislang missachtete Rechte einzuklagen und politische Forderungen zu erheben. Der Dritte Stand im vorrevolutionären Frankreich, die Bürgerbewegung in der DDR, der junge Protest während des Arabischen Frühlings – der Volksbegriff kann ja tatsächlich eine politische Befreiungsvokabel sein. Doch verdeutlichen die historischen Beispiele auch: Schon oft pervertierte das emanzipatorische Ansinnen des Volks zu einem neuen Autoritarismus, mündete in Tugendterror und Diktatur.

In einer Demokratie ist bekanntlich das Volk, der «demos», der Souverän. Demokratie heißt eine politische Regierung, die ihre Legitimität vom Volkswillen ableitet und zum Wohle des Volkes handelt. In der Präambel des deutschen Grundgesetzes steht etwa, dass sich das deutsche Volk selbst diese Verfassung gegeben habe. Nicht zufällig erhebt die AfD in ihrem (Wahl-)Programm von 2017 die Forderung nach «mehr Demokratie», die Willy Brandt einst berühmt gemacht hat, und behauptet damit eine Krise der real existierenden Ordnung angesichts der systematischen Bevormundung des Bürgers. Der rechte Protest hat sich die ursprünglich linke These der Postdemokratie anverwandelt, um die Abgehobenheit des politischen «Establishments», die Elitenkollusion und die mangelnde Volksnähe der Politik zu kritisieren. Bestimmte Milieus und Wählerinteressen seien nicht mehr repräsentiert, bestimmte Ansichten würden durch das Diktat politischer Korrektheit systematisch ausgeschlossen, «echte» Opposition verfolgt und die Medien alle auf links gleichgeschaltet. Dazu gehört auch die Vorstellung, dass gewählte Politiker gezielt Rechtsbrüche begehen, wenn es ihren Zielen dient, so etwa in der Euro- oder in der Flüchtlingskrise. Es ist wieder einmal in zweierlei Hinsicht paradox: AfDler und Pegidisten, denen etablierte Politiker regelmäßig verfassungsfeindliche Einstellungen attestieren, rufen nach der Einhaltung von Rechtsstaatlichkeit; und ausgerechnet die Antipluralisten von der AfD steigern durch ihre Unmutsbekundungen die Pluralität des politischen Meinungsspektrums.

Es gibt ja durchaus ein echtes Problem: Je öfter wir hierzulande von einer Großen Koalition regiert werden, desto mehr verschwimmen die Konturen der Volksparteien und desto mehr lösen sich ideologisch kohärente Lager auf. Wer heute wählt, kann am Ende gar nicht mehr wissen, welche Koalition hinten herauskommt. Folglich ist es heute unmöglich geworden, in der Wahlkabine leidenschaftlich sein Kreuz zu machen, damit eine konservative und wirtschaftsliberale Regierung durch ein rotgrünes Bündnis abgelöst wird oder andersherum. Mögliche Optionen verschwimmen zusehends. Statt vorher die Fronten zu klären, erfolgt die Profilbildung der «Volksparteien» mittlerweile auch erst nach der Stimmabgabe, also im Kontext einer bereits gebildeten gemeinsamen Regierungskoalition, und muss auf manche Bürger dann wie ein Hemmschuh für effizientes Regieren wirken. So reklamiert ein Mitglied der gemeinsamen Koalitionsregierung wie der SPD-Finanzminister und Vizekanzler Olaf Scholz eine Politik sozialer Gerechtigkeit, während sein Kabinettskollege Jens Spahn von der CDU gleich zum Auftakt der dritten Großen Koalition unter Merkel erklärt, Hartz IV habe nichts mit Armut zu tun.[17] Auf Nachfrage moderiert die Bundeskanzlerin diese notwendige, weil symbolisch aufgeladene Auseinandersetzung schließlich in dem ihr eigenen Sprech weg: «Diese Diskussion ist ja letztlich immer da».[18] Es existieren also durchaus Kontroversen, doch kommen sie innerhalb einer Großen Koalition chronisch auf Wiedervorlage. Wenn essentieller politischer Streit aber nach und nach zugunsten des Kabinettsfriedens eingehegt wird, können die Bürger gar keine politischen Konturen mehr erkennen. Erst recht nicht, wenn die Bundeskanzlerin die Erfolge ihrer SPD-Arbeitsministerin im Wahlkampf dann als Erfolgsbilanz ihrer Regierung «darlegt» (was sie dank ihrer Richtlinienkompetenz ja auch darf). So trifft die Behauptung der Populisten, die alten politischen Parteien böten keine echten Alternativen mehr, eben den Nerv der Zeit. Dabei sind die guten Wahlergebnisse von populistischen Parteien wie der AfD selbst ein Erschwernis für die künftige Bildung von Koalitionen jenseits der viel gescholtenen «GroKo»: Der Wahlerfolg der Populisten schafft günstige Bedingungen für das populistische Narrativ vom «differenzlosen Establishment», dieses schafft wiederum günstige Bedingungen für den nächsten Wahlerfolg der Populisten und so weiter und so fort – es ist ein Teufelskreis.

Was hat nun dieses sehr eigentümliche demokratische Wagnis der AfD von heute mit dem nachgerade verklärten demokratischen Wagnis des Sozialdemokraten Willy Brandt von damals zu tun? Und warum ist es kein Widerspruch, sondern «nur» ein Paradox, dass sich Populisten heute als die besseren Demokraten verstehen? Um diese drängenden Fragen beantworten zu können, müssen wir erst einmal klären, was der Begriff des Populismus, den wir die ganze Zeit so zwanglos gebrauchen, überhaupt konkret bedeutet und ob es so etwas wie eine populistische Sprache gibt.

3. «Wir sind das Volk»

Populismus als Krisensymptom

Der «Kampfbegriff»[19] Populismus ist sowohl in der praktischen Politik als auch in der abstrakten Politikwissenschaft en vogue. Akteure wie die AfD in Deutschland, Marine Le Pen in Frankreich und Viktor Orban in Ungarn gelten allerorten als Populisten. Sie sind offen nationalistisch, islamfeindlich, widersetzen sich der liberalen Bejahung einer pluralistischen Gesellschaft und Kultur des Miteinanders und diffamieren etablierte Parteien als «Establishment». Sie fordern die politische Kultur und den repräsentativen Parlamentarismus unserer liberalen Demokratie heraus.

Aber was genau ist eigentlich Populismus? In der akademischen Debatte werden die Merkmale populistischer Politik intensiv diskutiert. Kaum eine Woche vergeht, in der nicht ein Politikwissenschaftler oder eine Soziologin Kriterien und Arbeitsdefinitionen vorlegt, was wir eigentlich mit dem «Chamäleon»[20] Populismus meinen sollen. Im Juni 2017 schlug etwa die Bielefelder Soziologin Barbara Kuchler vor, «die populistische Funktionsweise» mit «der einer Biogasanlage» zu vergleichen: «nur weniger gestankmindernd als gestankvermehrend, und deshalb zu Recht schlecht beleumundet».[21] Man könnte es auch anders sehen: Definitionen von Populismus finden wir mittlerweile so häufig wie Biogasanlagen. Manche von ihnen haben selbst einen strengen Geruch, weil sie nur der Selbstvergewisserung der eigenen Liberalität und Rationalität dienen, indem Positionen und Parteien abgewertet werden, die nicht so recht zum Selbstverständnis eines rationalen, liberalen Politikmodells passen wollen.

Verschaffen wir uns einen groben Überblick über die Forschungslandschaft. Die politikwissenschaftliche Debatte begreift Populismus mal als opportunistischen Politikstil, mal als eine Herrschaft des Ressentiments, der unsachlichen und irrationalen

Emotionen frustrierter und enttäuschter Wähler. Mal wird Populismus als die offen pluralismusfeindliche Anmaßung begriffen, den einzig wahren Volkswillen unvermittelt repräsentieren zu können, mal als eine missfällige Antwort auf die in einer Demokratie notwendige Bewältigung von Komplexität abgetan, da Populisten pauschalisieren, skandalisieren und nach Sündenböcken für Strukturprobleme suchen. Jedoch werfen bereits diese Begriffsbestimmungen die Frage auf, wann genau eine politische Lösung, wann genau ein politischer Vorschlag in einem unverträglichen Maß emotionalisiert, vereinfacht, ja wann er etwa ein erforderliches Komplexitätsniveau unterschreitet. Lässt sich der Vorwurf mangelnder kommunikativer Komplexität nicht auch schon seit jeher gegen die etablierten Parteien richten? Der ehemalige bayerische Ministerpräsident und heutige Bundesinnenminister Horst Seehofer dürfte mit seiner rechtswidrigen Forderung nach «Obergrenzen» für Flüchtlinge genauso wenig als Komplexitäts- und Rationalitätsapostel durchgehen wie der ehemalige Bundesinnenminister Thomas de Maizière mit seiner Kampagne «Wir sind nicht Burka». Wann ist in einer Demokratie die Behauptung, die Mehrheit des Volkes zu repräsentieren, den «Volkswillen» zu artikulieren, eine antipluralistische, demagogische, opportunistische Strategie – und wann handelt es sich um eine legitime Selbstbeschreibungsformel lupenreiner Demokraten? So klar scheint die Abgrenzung gar nicht zu sein. Schon der große liberale Soziologe Ralf Dahrendorf ließ sich einst zu der lakonischen Pointe hinreißen, dass des einen Populismus des anderen Demokratie sei.[22]

Sozialwissenschaftler diskutieren auch über die empirischen Ausgangsbedingungen des Populismus. Sozialstrukturelle Analysen heben immer wieder die Milieus und Schichten der Wähler populistischer Parteien hervor und können oft zeigen, dass es sich dabei nicht nur um abgehängte Globalisierungsverlierer handelt, sondern auch um Bürger aus der Mittelschicht. Andere wiederum werfen ein, jene Wähler seien eben doch Modernisierungsverlierer oder mindestens verängstigte Bürger, die um ihren sozioökonomischen Status quo bangten und ihr Weltbild durch den raschen gesellschaftlichen Wandel und den verordneten linksliberalen Kosmopolitismus dahinschmelzen sähen. Manche sehnen sich nach einer übersichtlicheren Zeit mit klaren konservativen Rollenbildern zurück. Deutschland sei eben nicht mit dem Prenzlauer Berg in Berlin zu verwechseln, meinte Alexander Dobrindt von der CSU, und rief Anfang 2018 glatt nach einer neuen konservativen Revolution, um sich einer angeblich vorherrschenden linksliberalen Hegemonie im Denken entgegenzustellen.[23] Leider hatte der studierte Soziologe Dobrindt nicht verstanden, welch düsteren Assoziationsraum er mit seiner Forderung weckte: Die «echte» Konservative Revolution der Weimarer Republik war vor allem antibürgerlich und antidemokratisch.

In Diagnosen zu den Wahlerfolgen populistischer Parteien schleichen sich oft normative Annahmen und Urteile ein. Wissenschaftliche Analysen vermengen sich mit impliziten politischen Vorwürfen gegen populistische «Rattenfänger» und deren Wähler, «die sich von den Zumutungen der Globalisierung und der modernen, pluralistischen Gesellschaft überfordert» fühlten: «Sie haben rückwärtsgewandte Bedürfnisse nach einer abgeschotteten Heimat und einer völkischen Identität.»[24] Daher gelte: «Die ersten Opfer des Populismus sind Vernunft und Aufrichtigkeit».[25] Hier werden Rationalität und Modernität zu Kriterien der Zugehörigkeit zur liberaldemokratischen Community. Gibt der neue vulgärdemokratische Sound populistischer Politiker dieser Diagnose nicht in allen Punkten Recht?

Populisten kultivieren einen Sound der politisch-moralischen Krise im Dauerzustand, schüren Ängste und Konflikte, stiften

Unsicherheit und zerstören Vertrauen. Statt sich einer pluralistischen, heterogenen, geschlechternivellierten und angeblich hierarchiefreien Gesellschaft zu verschreiben, fordern sie die liebgewonnene Vorstellung einer rationalen, kompromiss- und verständigungsorientierten Politik heraus.

Populismus ist für viele regressiv, nationalistisch und rechts; der Populismusbegriff erfüllt für viele kurzerhand die Funktion politischer Stigmatisierung. Er dient als diskreditierende Fremdzuschreibung. Der Erfolg populistischer Parteien beruhe auf unaufgeklärten Teilgesellschaften, auf unvernünftigen, uneinsichtigen Protestwählern, auf einem geringen bis nonexistenten Niveau politischer Bildung. Populisten bieten keine progressiven Politikentwürfe an, sondern bedienen nur regressive Triebe. Populismus wird so zu einem Symptom mangelnder Bildung oder der gescheiterten Integration in die liberaldemokratische Mehrheitsgesellschaft erklärt oder zeugt gleich von irreparabler Irrationalität. Folgerichtig wird die Forderung nach mehr politischer Bildung laut, solange man davon ausgehen muss – so der prominente Ideengeschichtler Herfried Münkler –, dass «[g]roße Teile des Volkes» nun einmal «dumm»[26] seien.

Schnell lässt sich also eine Linie zwischen uns guten liberalen, vernünftigen, aufgeklärten Demokraten einerseits und andererseits den bösen, unaufgeklärten, affektgetriebenen Schreihälsen vom Montagabend in Dresden und den raunenden Wählern der AfD einziehen. Doch leider ist der Politik mit liberalem Selbstgefälligkeitstalk und mit der schnellen Stigmatisierung von Populisten und ihren Wählern wenig weitergeholfen – wir brauchen eine echte Ursachenanalyse. So sollte uns die gegenwärtige Konjunktur des Populismus tiefer bohren lassen: Warum werden «Populisten» allerorten gewählt? Was versprechen sie, was die etablierten Parteien nicht versprechen? Haben Versäumnisse wohlmeinender liberaler Demokraten, ihre Art zu regieren und

Politik zu kommunizieren, den Aufschwung populistischer Parteien begünstigt? In den Augen vieler Beobachter ist der Aufschwung populistischer Parteien das sichtbarste Anzeichen einer Krise der etablierten Parteien, des politischen Diskurses, des «Systems» der bürgerlichen Gesellschaft.

Für einige Autoren bedarf es einer gründlichen Kapitalismuskritik, um auch die sozio-ökonomischen Gründe zu verstehen, wie und warum Populisten Wähler quer durch die Gesellschaft und durch das politische Spektrum mobilisieren können. Wähler seien in der heutigen «Abstiegsgesellschaft»[27] von Sorgen vor sozialen und wirtschaftlichen Statusverlusten geplagt, weil das Normalarbeitsverhältnis erodierte, sozialstaatliche Leistungen gekürzt worden und das soziale Netz löchriger geworden seien. Die heutige Gesellschaft sei polarisiert, weil prekäre Verhältnisse zunähmen und die Mittelschicht schrumpfe, argumentiert zumindest der Soziologe Oliver Nachtwey – wenngleich zumindest im außenhandelsstarken Deutschland die Wirklichkeit noch etwas rosiger aussieht. Wir erleben jedoch alle, dass die Ansprüche und Belastungen im Arbeits- und Privatleben gestiegen sind.

Die aufklärerische, emanzipatorische Moderne ist eine *liaison dangereuse* mit einem neoliberalen Gesellschaftsprogramm eingegangen, in dem der Einzelne ständig aufgefordert wird, an seiner Selbstverwirklichung, seiner Selbstbestimmung, seiner Individualität und Flexibilität zu arbeiten. Sei produktiv, sei authentisch, sei frei, sei mobil, sei flexibel, sei erfolgsorientiert, sei fürsorglicher Elternteil – so lauten die Anrufungen des Einzelnen in unserer Zeit. Für die mobile, internationale und vorrangig akademisch gebildete Schicht mögen diese Slogans wie Verheißungen einer individuellen und traditionsbefreiten Moderne klingen. Aber ortsgebundene, traditionelle und weniger akademische Milieus erleben diese Aufforderungen durchaus als Zumutung. Nicht jeder will «lebenslang lernen», um den Status nur noch gerade so halten zu können, während andere Vermögen erben und überteuerte Immobilien kaufen können. Es ist kein Wunder, dass das Schreckgespenst subjektiver und «relativer Deprivation» umgeht. Im Verhältnis zu anderen – zu den *Overperformern* unserer beschleunigten Gegenwart genauso wie zu den *Underperformern*, den staatlicherseits angeblich vollversorgten Flüchtlingen – fühlen sich einige schlechter gestellt. Und dann wird man auch noch als «Verlierer» der Globalisierung und der Modernisierung bezeichnet. Die Rede von Gewinnern und Verlierern ist gesellschaftlich hochgradig brisant, keiner will ein «Loser» sein. Als Mitverursacher der eigenen Loser-Probleme und politischer Krisen lassen sich alsbald Figuren wie «das Establishment», «kriminelle Ausländer», «faule Griechen», «integrationsunwillige Muslime» oder auch eine «übergewichtige, undisziplinierte Unterschicht» ausmachen.[28]

Einige Bürger würden heute gerne die Zeit zurückdrehen: Schluss mit Universalismus und Kosmopolitentum! Die liberaldemokratische Fortschrittserzählung hat Risse bekommen, ja sie unterminiert sich selbst, lautet die These vornehmlich linker Autoren. Unsere Gesellschaft sei in das Zeitalter einer «großen Regression»[29] eingetreten. Die Arbeiter seien vergessen worden; die Linke zu sehr auf eine politische Agenda der kulturellen, symbolischen Gleichheit von Minderheiten fokussiert, statt ökonomische Verwerfungen und soziale Ungleichheit anzugehen. Deregulierte Märkte, privatisierte Unternehmen und die Globalisierung mit ihrem permanenten Damoklesschwert der Kapital- und Steuerflucht hätten dazu beigetragen, dass manche Teile der Gesellschaft längst «abgehängt» seien. Und genau diese hegten nun Wünsche nach einer Rückkehr zur Ordnung, nach Sicherheit, Stabilität und klaren nationalen Grenzen.

Populismus als Strategie der politischen
Entdifferenzierung

Wir haben es folglich mit zwei Umgangsweisen mit dem gegen-
wärtigen Populismus zu tun: Die einen kanzeln die AfD und ihre
Wähler kurzerhand als irrational oder rückwärtsgewandt ab und
machen es sich danach in ihrer großstädtischen Altbauwohnung
gemütlich. Die anderen suchen nach den sozialen, ökonomischen
und strukturellen Gründen für diese unheimliche Konjunktur.
Für unsere politische Gegenwart ist allerdings von Bedeutung,
dass wir nicht nur die sozio-ökonomischen Grundlagen für den
Aufstieg von Populisten aufdecken, sondern auch die Strahlkraft
und Macht ihrer Sprache verstehen – ihre Redeweisen, Sprachbilder, Vorwürfe und Argumente, weil sie sich nach und nach in
unser politisches Bewusstsein sowie in unser eigenes Vokabular
eingraben. Wir müssen uns mit dem Sound der Populisten beschäftigen, damit wir diesem etwas entgegensetzen können. In
der Praxis geht es um eine beherzte Aufnahme des rhetorischen
Kampfes um Hegemonie seitens der echten Demokraten *und*
eine Politik sozialer Gerechtigkeit. Es reicht nämlich nicht,
dienstbeflissen Gerechtigkeit anzukündigen – das tun Rechtspopulisten wie etwa die polnische PiS-Partei auch und konsoli-
dieren genau damit ihre Macht.

Wagen wir daher noch eine andere und weniger bekannte Perspektive auf das Phänomen des Populismus, auch um die vulgärdemokratische Gegensprache gegen «das System» und die Dissonanzen politischer Herrschaft zu verstehen. Der argentinische
Sozialforscher Ernesto Laclau legte eine Analyse des Populismus
vor, die sich von der aktuellen Forschung unterscheidet.[30] Ihm
zufolge laufen wir Gefahr, durch eine vorwiegend normative
Kritik des Populismus als Symptom eines regressiven völkischen
Bewusstseins die eigentlich sozialschöpferischen Qualitäten von

politischen und populistischen Diskursen zu unterschätzen. Populismus sei nicht per se gleichbedeutend mit Rechtspopulismus, so wie wir ihn heute in Ungarn, Polen, Frankreich oder Deutschland sehen. Laclau schrieb vielmehr, dass Populismus letztlich der Königsweg zu einem Verständnis des Politischen sei,[31] weil er die besondere Handlungslogik des Politischen verdeutliche.

Populismus wird von Laclau als ein Diskurs begriffen, der stets eine politische Einheit mit dem Namen «Volk» adressiert. Dadurch wird so etwas wie ein Volk überhaupt erst hergestellt, ja in unseren Köpfen vorstellbar. Es gibt also keine natürlichen Deutschen, kein natürliches Deutschtum, keine natürlich-organische, vorpolitische Gemeinschaft, sondern nur deren sprachliche Aktivierung, die in der politischen Wirklichkeit selbstverständlich Folgen hat. Politische Kollektive werden in Diskursen sprachlich zum Leben erweckt, sie tauchen in unserer Vorstellungswelt auf einmal als wirkliche Gebilde, als Kollektivakteure auf.[32] Nach und nach werden Unterscheidungen, wie etwa die zwischen «den Deutschen» und «den Franzosen», anschlussfähig. So können wir etwa darüber reden, dass das Deutsche in «bestimmten kulturellen Formen», etwa in der Literatur, Musik und Kunst, zu finden sei.[33]

«Volk» meint also keine immer schon existente Einheit, sondern ist ein bedeutungsoffener, leerer, wenn auch kein substanzloser Begriff – eben ein Begriff, den es zu füllen gilt. Es ist keineswegs klar, wer zum politisch adressierbaren Volk gehört. Sind das all jene Bürger, die in einem bestimmten Land leben und den Gesetzen ihrer Regierung folgen (müssen), sind das die in einem Land Geborenen, die angeblich autochthone Bevölkerung, oder rechtfertigt bereits die eigene Selbstzurechnung die Volkszugehörigkeit, sofern jemand glaubhaft behaupten kann, für die Mehrheit zu sprechen? Oder regeln wir die Frage der Volkszugehörigkeit einfach rechtlich über Staatsangehörigkeit?

Für viele Demokratietheoretiker ist daher die politische Bezugnahme auf das Volk nicht pathologisch oder irrational, sondern offenbart eine allgemeine Logik des politischen Diskurses: Politik zielt auf eine bestimmte Organisation des Gemeinsamen. Es wird versucht, einer Gesellschaft eine Form zu geben, sie als ein Kollektiv überhaupt zu thematisieren oder anzusprechen. Demzufolge liegt der entscheidende blinde Fleck des politischen Liberalismus in der Annahme, die Gesellschaft zu atomisierten Individuen vereinzeln zu wollen und dabei die konstitutive Bedeutung der kollektiven Erfahrung für die Politik und für eine Gesellschaft zu unterschlagen. Populisten legen demnach den Finger in die Wunde des Liberalismus.

Ernesto Laclau zufolge braucht nun ein Volk Vorstellungen von denen, die nicht dazugehören (sollen).[34] Um eine eigene Identität zu finden, bedarf es eines Anderen: *Ego* braucht *Alter*, Identität braucht Alterität. Die AfD braucht also zur Beschwörung der deutschen Identität eine Projektionsfläche für vermeintlich fremde, andere Identitäten. Aber auch das Ego der Bayern braucht als Gegenfigur den «Preußen». Und der Oberbayer braucht den Franken, der Rheinländer den Westfalen, der Badener den Schwaben und so weiter.

Normalerweise gibt es in einer Gesellschaft zahlreiche, verschiedene Projektionsflächen und Gegenüberstellungen, die zur Bildung kollektiver Identitäten taugen. Sie sind historisch gewachsen, aber auch veränderbar. Im Rechtspopulismus finden wir nun eine politische Artikulationsform, die eine bestimmte Freund-Feind-Bestimmung zur gesellschaftlichen Konfliktlinie verabsolutiert. Es sind schließlich ganz allgemein die Flüchtlinge, die (muslimischen) Ausländer, die faulen Einwanderer ins deutsche Sozialsystem, die das organisch gewachsene, deutsche Volk bedrohen würden. Die Populisten verfolgen so das Ziel, die Selbst- und Fremdwahrnehmung ihrer Wähler zu festigen. Ihre

Behauptungen eines echten, authentischen deutschen Volks müssen erst einmal glaubwürdig werden und können sich nicht einfach auf ein vorgängiges, organisches, gemeinschaftliches Kollektiv stützen. Wir müssen uns also nicht mit den «politischen Folgen nationaler Identität» beschäftigen, sondern mit «Identität als Folge politischer Konstruktionen».[35] Daher ist es umso wichtiger, wie wir über Identität sprechen, welche Begriffe, Konzepte und Semantiken wir gebrauchen und welche politischen Identitätsbehauptungen wir im Diskurs zulassen.

Wenn etwa der AfD-Politiker Alexander Gauland in einem Interview erklärt, dass viele den Fußballer Jérôme Boateng nicht gerne zum Nachbarn hätten, ist das ein Hinweis darauf, dass auch in der modernen Einwanderungsgesellschaft die Frage von Identität umstritten bleibt. Jemand, der wie Boateng eine deutsche Mutter hat, fließend Deutsch spricht und die deutsche Staatsangehörigkeit besitzt, ist für viele immer noch kein «richtiger» Deutscher und kann es in den Augen von Gauland und Co. eigentlich auch gar nicht oder nur abgestuft werden. Sein Migrationshintergrund lässt ihn «undeutsch» wirken. Für Politiker wie Gauland und ihre Anhänger ist der «wahre Volkswille» der Ausdruck einer ethnisch verstandenen, vorpolitischen Gemeinschaft. Ihr vulgärdemokratischer Volksbegriff ist gegen ein ethnisch Fremdes und gegen ein multikulturelles und staatsbürgerliches Verständnis von Volk und Gesellschaft gerichtet: gegen die volksverräterische Elite im «links-rot-grün-versifften 68er-Deutschland».[36]

Nicht nur gegen «Fremde», Einwanderer und Ausländer machen Populisten mobil. Sowohl Rechts- als auch Linkspopulisten stellen das ehrliche, aufrechte und natürliche Volk dem «Establishment» gegenüber. Dadurch verschwimmen die politische Klasse und die Medienlandschaft wahlweise zu einem unterscheidungslosen Block[37] aus elitären «Systemparteien» und zu einem ununterscheidbaren Mainstream. Die Konturen und Unterschiede zwischen Parteien wie der SPD, der Linkspartei, den Grünen, der FDP und der CDU/CSU verschwinden. Die Medien sagen und schreiben alle die gleichen *fake news*. Alle etablierten Parteien werden für den Populisten zu einem Einheitsbrei, der in die Mülltonne gehört. Folglich handelt es sich beim Populismus um eine Strategie der politischen Entdifferenzierung. In frontalen und vereinfachenden Gegenüberstellungen besteht sein Erfolgsrezept: wir gegen die da oben; wir gegen die da draußen. Ungleiches wird gleich gemacht.

Indem die «einfachen Leute» und das «Volk» immer wieder der politischen Klasse gegenübergestellt werden, die sie angeblich andauernd verkauft und verrät, können wohlsituierte Mittelstandsvertreter, verängstigte Kleinbürger, prekäre Arbeitnehmer und Langzeitarbeitslose auf einmal zusammenfinden. Und so können zum Beispiel auch arbeitslose und bildungsferne Milieus mit Verve eine Partei wählen, deren Führung aus einer promovierten Unternehmensberaterin (Alice Weidel), einem Wirtschaftswissenschaftler mit Universitätsprofessur (Jörg Meuthen), einer promovierten Chemikerin und Alumna der Studienstiftung des deutschen Volkes (Frauke Petry) und einem promovierten Juristen (Alexander Gauland) besteht. Die exquisiten Lebensläufe und Positionen mancher Populisten machen sie eigentlich selbst zum Teil einer gesellschaftlichen «Elite». Ihre sozio-ökonomische Distanz zu ihren Wählern ist jedoch unproblematisch, denn populistische Politiker verstehen und inszenieren sich als Volkstribunen, als Sprachrohre der bodenständigen und ehrlichen Bürger, die sich gegen die linksliberale «korrupte Elite» stellen. Ihr tatsächlicher Bildungsstand oder ihr hohes Einkommen disqualifizieren sie nicht, da sie auf der vermeintlich richtigen Seite des politischen Konflikts stehen. Elitär und intellektuell sind immer die anderen, die politisch-moralisch Verdorbenen – immer schwingt ein Hauch von Dekadenztheorie mit. Populisten sind nicht gegen Elitendenken im Sinne einer Hierarchisierung der Gesellschaft in ein «oben» und ein «unten», sondern nur gegen das falsche «Establishment». Mit diesem Begriff werfen sie die gesellschaftlich exponierten Zirkel aus Politikern, Journalisten und Kulturschaffenden allesamt in einen Topf. Dazu bedienen sie sich der Stimme der «underdogs»,[38] der Außenseiter und Marginalisierten. Sie geben den Vergessenen, Ausgeschlossenen und für ihre Ansichten Verfemten endlich eine Stimme – beim Populismus haben wir es folglich mit einer diskursiven Privilegierung der Unterprivilegierten zu tun.

Diese Unterprivilegierung muss keineswegs ökonomisch-materielle Gründe haben: Ostdeutsche Bürger etwa, die laut dem Präsidenten der Bundeszentrale für politische Bildung in Bonn nach der Wiedervereinigung einem «kulturellen Kolonialismus» der westdeutschen Eliten zum Opfer gefallen seien, [39] würden in der politischen Debatte kaum adressiert. Ihre Sorgen seien bis heute der westdeutschen Mehrheit fremd. Das kollektive Gedächtnis ist nach dieser Lesart hierzulande dominant westdeutsch. Auch der amerikanische Präsident Donald Trump schrieb sich in seiner Antrittsrede auf die Fahnen: «The forgotten men and women of our country will be forgotten no longer.»[40] Damit konnten sich die Bewohner des «fly-over country» zwischen der liberalen Ost- und Westküste angesprochen fühlen. Ähnlich wird in der deutschen Debatte immer wieder über vergessene Landstriche, Regionen und Schichten diskutiert. Der Begriff der Unterprivilegierung kann sich demnach auch auf den subjektiven Eindruck beziehen, in der Öffentlichkeit, in der politischen Debatte unterrepräsentiert und mit der eigenen politischen Position an den verpönten gesellschaftlichen Rand gedrängt worden zu sein. «Underdogs» sind schließlich auch und vor allem die politisch und kulturell «Abgehängten». Die sich nicht spielend zwischen Ländern, Kontinenten und Fremdsprachen hin und her bewegen, keine ausgelassenen Erasmus-Freizeiten hinter sich haben, die nicht lebenslang lernen und den Verlust ihrer Traditionen zur Emanzipation umdeuten wollen. Es sind eben die schon zitierten «Verlierer» der kulturellen Modernisierung, die mit Individualisierung, Gleichberechtigung, antiautoritärem Denken und einem urban-kosmopolitischen Lebensstil hadern. Konsequenterweise gilt das hierzulande historisch verklärte und mythisch aufgeladene 1968 als wichtigstes Gegensymbol der Neuen Rechten.

Um ihr Wählerklientel anzusprechen, verbinden Populisten einzelne, individuelle Unrechtserfahrungen zu einem polarisierenden, manichäischen Gesellschaftsbild, das «die Einheit einer Gruppe herzustellen»[41] ermöglichen soll. Daher ist auch gar nicht so verblüffend, dass etwa die Wählerschaft der AfD bei der Bundestagswahl 2017 ökonomisch durchaus heterogen war. Einig ist sie sich vor allem in der kulturellen Frontstellung, in dem Bestreben, der anderen Seite Verrat vorzuwerfen, weil diese sich selbstsicher, modern, europäisch, kosmopolitisch gibt, ja sich letztlich als Gewinner der Geschichte sieht.

Populismus als Heilmittel im Zeitalter der Technokratie?

Für Ernesto Laclau ist ausgerechnet dieser Populismus mit «Demokratisierungsprozessen»[42] verknüpft, weil er eben unterschiedliche Leute und unterschiedliche Anliegen politisch zusammenzubringen vermag. Populistische Diskurse integrieren, so seine Behauptung, indem identitätsstiftende Begriffe wie Volk besetzt werden, die das Allgemeine ausdrücken. Nur durch den Bezug auf ein Kollektiv könne – jenseits der Einzelinteressen – auf eine große politisch-gesellschaftliche Alternative hingearbeitet werden. Für Laclau entsteht so ein «vages Gefühl von Solidarität»[43] – und das sei wichtig, denn Politik habe immer eine emotionale, affektgeladene Seite. Vernunft und Emotion könnten nicht voneinander isoliert werden; «heiße Leidenschaft und kühles Augenmaß», um Max Weber zu bemühen,[44] gehen in der Politik Hand in Hand.

Laclaus Konzeption gab den Anstoß, dass sich in jüngster Zeit zahlreiche junge Linke als «Populisten» bezeichnet haben.[45] Populismus wird neuerdings also auch auf linker Seite rehabilitiert – es wird nach einem «Populismus von links» gegen die Kräfte und Eliten des Neoliberalismus wie etwa Banker und transnationale Steuervermeidungskonzerne gerufen. Auch ein so prominenter Autor wie Wolfgang Streeck freut sich, dass mit den heutigen Populisten überhaupt jemand gegen die «alternativlose» Herrschaft des Neoliberalismus aufbegehre,[46] und lässt damit seine Sympathie für seltsame Querfronten erkennen. Vor allem Podemos in Spanien und Syriza in Griechenland begreifen sich als «populistische Kräfte», die explizit Laclaus Ansatz anhängen.[47]

Nun könnte man angesichts dieser Konjunktur des Begriffs tatsächlich zu dem Schluss gelangen: Populismus als programmatische Selbstermächtigung des Volkes gegen die (moralisch korrupten und von Wirtschaftsinteressen korrumpierten) Eliten wird zu einem Schlagwort, das die fahl gewordenen Versprechen der Demokratie erneuern könnte. Der Populismus könnte folglich die Chance zu einem politischen *Empowerment* der Prekären und Ausgeschlossenen – der Unterprivilegierten – in sich bergen. Eine allzu offene Berufung auf die Segnungen der liberalen Demokratie, den *Sparring Partner* des Kapitalismus, scheint für viele Linke hingegen mittlerweile kompromittiert. Deshalb nimmt der Populismus jetzt für manche den Platz eines subversiven, egalitaristischen Protestprojekts ein. Aus Laclau, dem verschrobenen Postmarxisten der sogenannten Essex School in Colchester, UK, ist der Vordenker einer zweiten Neuen Linken geworden.

Aber sind nun etwa auch Linke zu Nationalisten geworden? Und öffnet man mit dem Plädoyer für mehr Emphase und Emotionalität in der Politik letztlich nicht die Büchse der Pandora? Linke Populisten meinen, den Inhalt des Volksbegriffs über Begriffe wie Gerechtigkeit, Solidarität oder Demokratie inklusiv bestimmen zu können. Für den Theoretiker Laclau war sogar ein liberaler Populismus denkbar, der Forderungen wie Meinungs-, Pressefreiheit oder Menschenrechte gegen das «Establishment» artikuliert und einer äußeren Bedrohung gegenübergestellt.[48] Populismus ist für Laclau eine politische Strategie und als solche mit keinem spezifischen Inhalt verknüpft. Aber diese Strategie muss plausibel werden; sie braucht sozusagen einen fruchtbaren Nährboden.

Schon die Autoren der gesellschaftskritischen Frankfurter Schule wussten, dass der Auslöser für Populismus eine allgemeine Unzufriedenheit ist, dass nur in bestimmten Momenten Forderungen lauter werden, die «aus den etablierten Diskursen und Legitimationsmustern gleichsam herausfallen und den Status vagabundierender Potentiale gewinnen».[49] Der Eindruck eines illegitimen Mangels politischer Optionen muss in der Luft schweben – ein politisches Begehren, das von den etablierten politischen Kräften nicht befriedigt bzw. beschwichtigt werden kann. Populismus ist demnach eine Antwort auf die verschlossenen «Schleusen»[50] des repräsentativ-parlamentarischen Systems.

Der subversive Tabubrecher muss affirmationsbereite Anhänger vorfinden, um gegen das «Establishment» und den politischen «Mainstream» agitieren zu können. Tatsächlich erwiesen sich die Politiker der Merkel-Ära einen Bärendienst, indem sie die politische Debatte mit der Dauerrede von der Alternativlosigkeit ihres politischen Handelns chronisch abgewürgt und die Kanäle für legitime Kritik floskelhaft verstopft haben. Die technokratische Unsprache der Merkel-Regierungen hat den Eindruck einer man-

gelnden demokratischen Transparenz politischer Entscheidungs-
prozesse und einer unzureichenden Repräsentation von Bürgerinteressen verstärkt. Die Sozialdemokratisierung der CDU unter
der Bundeskanzlerin hat rechtskonservative Wähler zugleich zu-
rückgelassen. Folglich saugt die AfD, wie der deutsche Politikwissenschaftler Claus Leggewie schreibt, bestimmte Strömungen
auf, die in Deutschland politisch «heimatlos» geworden bzw.
«unrepräsentiert geblieben»[51] sind. Mittlerweile können Rechtspopulisten hierzulande auf die «Mitte der Gesellschaft» zählen
und das Terrain eines brachliegenden Konservatismus bespielen.

Wir dürfen den Populismus also nicht kurzerhand per se zu einem emanzipatorischen Projekt umdeuten. Populisten in Europa
stellen das Volk heutzutage nicht nur einem Establishment, sondern vor allem den Fremden gegenüber. Die kleine Welle eines
pluralismussensiblen Linkspopulismus wird in Europa mittlerweile von einem regelrechten Sturm eines pluralismusfeindlichen
Rechtspopulismus an den Rand gedrängt. Heutige Rechtspopulisten hetzen gegen die «Volksverräter» an der Spitze des Staats,
gegen die «linksgrün versifften» Kultureliten und Journalisten,
vor allem aber gegen Migranten und Geflüchtete und andere
«Parasiten», die ihre Vorstellung von Ordnung und Überschau-
barkeit bedrohen. Im rechtspopulistischen Diskurs finden wir die
Gegenüberstellung von einem gesunden, aufrechten, nützlichen,
natürlichen Volk und einem depravierten, schädlichen, für den
«Volkskörper» fremden, künstlichen Anderen. Der Migrant, der
Flüchtling, der Muslim bedroht sogar «unsere Frauen», meinte
nach den Ereignissen der Kölner Silvesternacht 2015/2016 selbst
der sozialdemokratische Kanzlerkandidat Martin Schulz.[52] Manche emanzipierte Frau dürfte sich vehement gegen diese Verein-
nahmung wehren.

Rechtspopulisten wollen vorhandene materielle und immateri-
elle Ressourcen im Zeitalter der globalen Migration und kulturel-

len Pluralisierung europäischer Gesellschaften von Grund auf neu verteilen. Die rhetorische Allzweckwaffe «Volk» wird dabei zur doppelten antagonistischen Chiffre: für das Aufbegehren gegen die korrupte politische Klasse einerseits, für die radikale Abgrenzung von Minderheiten, «Neuankömmlingen», Andersgläubigen oder Sozialhilfeempfängern andererseits. Noch mehr als sie gegen «die da oben» hetzen, agitieren Rechtspopulisten gegen die «unten» – gegen Prekäre, Asylsuchende, Transferempfänger, Hilflose, Obdachlose oder gegen schlecht integrierte Migranten. Es ist kein Wunder, dass zum Beispiel arabischstämmige Franzosen im Front National gegen Wirtschaftsflüchtlinge und Armutsmigranten aus Osteuropa hetzen. In der dreifachen Frontstellung gegen oben, unten und außen vergewissern sich die Akteure und Anhänger rechtspopulistischer Bewegungen und Parteien ihrer sozialen «Mittellage», ihrer gesellschaftlichen «Nützlichkeit» und der «Repräsentativität» ihrer politischen Stimme. Diese Frontstellungen kennzeichnen den populistischen Sound von heute – und wir alle müssen aufpassen, ihm nicht nolens volens selbst auf den Leim zu gehen.

Der heutige Rechtspopulismus ist für die Wandelbarkeit von Identitäten unsensibel. Politiker wie Alexander Gauland wollen in diesem Sinne ein Denken rehabilitieren, das auf der Vorstellung einer zu verteidigenden (homogenen) Volksidentität beruht. Rechtspopulisten berufen sich auf ein organisch gewachsenes, ethnisches Volk, warnen vor Bedrohungen des Volkskörpers und verteidigen dessen ureigenes Wesen. In rechtspopulistischen Diskursen werden Identitäten naturalisiert; folglich wird ihre Natürlichkeit behauptet. So passt es auch ins Bild, dass die AfD ihre nachweislich parteilichen und äußerst kritikwürdigen Forderungen zu verallgemeinern und zu trivialisieren versucht, indem sie diese als «gesunden Menschenverstand» etikettiert. Darauf kommen wir im nächsten Kapitel zurück.

Es handelt sich heute bei dem Schlachtruf nach «mehr Demokratie» daher nicht um die legitime Forderung nach mehr Teilhabe in einer pluralistischen Gesellschaft – um keinen politischen «bottom-up-Prozess» –, sondern um die Ermächtigungsfantasien eines sich nativistisch begreifenden Pseudo-Volks, das der autoritären Herrschaft eines wohlwollenden Volkstribuns fernab politischer Minderheitenrechte Absolution erteilen möchte. Es ist eben ganz und gar nicht Willy Brandt, der da zu uns spricht. Gegen die neue populistische Sprache hilft nur ein offener, pluralismuskompatibler Diskurs, in dem ab und zu der Status quo hinterfragt werden muss, damit extreme Kräfte demobilisiert werden. Etwas politisch werden zu lassen, bedeutet sich der Veränderbarkeit der Dinge bewusst zu sein.

Heute ist mehr denn je entscheidend, dass wir den rechtspopulistischen Fantasien von einer vorpolitischen, idealen Gemeinschaft und grassierenden Tendenzen der Essenzialisierung des Volksbegriffs entschieden entgegentreten. Deshalb müssen wir auch offensiv fragen, ob die Rechtspopulisten der Gegenwart nicht verharmlost werden, indem man sie als «populistisch» bezeichnet. Ulrich Wickert meinte einst, dass man Gauner auch Gauner nennen müsse.[53] Wir sollten Rechtspopulisten folglich eher als «autoritäre Nationalradikale» bezeichnen, wie es der Sozialforscher Wilhelm Heitmeyer vorschlägt, weil sie «die autoritäre Wiederherstellung von Kontrolle [...] – über das eigene Leben, über die sozialen Verhältnisse, über die Grenzen» versprechen.[54] Statt wie Rechtsextreme gleich offen Gewalt als Mittel der Machtaneignung oder Vernichtung der Anderen zu propagieren, geht es Parteien wie der AfD noch um die Vorstellung einer vermeintlichen Wiederherstellung der Verhältnisse. Dabei bedienen sie sich der Idee einer mit sich selbst im Reinen befindlichen Gesellschaft und berufen sich auf die Vorstellung einer friedlich-homogenen Gemeinschaft, die ihren Volkswillen direkt und unmittelbar durch politische Führer repräsentiert sieht. Mit anderen Worten: Nur der offene Aufruf zur Gewalt trennt sie noch von den Rechtsextremen.

In ihrem «Wir sind das Volk» wird folglich kein friedliches, freiheitliches oder subversives Aufbegehren gegen ein undemokratisches Regime mehr laut, sondern nur der Aufstand der frustrierten, «besorgten», islamfeindlichen Möchtegerndemokraten, die eine historisch unverbriefte Kultur des Abendlands beschwören. Weder hat es je ein harmonisches Miteinander christlichen und jüdischen Lebens in Abgrenzung zum Islam gegeben noch eine liberale, säkulare abendländische Gesellschaft, in der Frauenrechte, Gleichberechtigung und Gleichheit vorgelebt worden wären. Es ist eine Ironie der Geschichte, dass sich heute autoritäre, wenn nicht gar neofaschistische Demokratie*miss*versteher auf die Demokratie berufen. Und es ist ein Treppenwitz der deutschen Nachkriegsgeschichte, dass montagabends säkulare, laizistische Ostdeutsche das Christentum für ihre Ziele in Anspruch nehmen und Weihnachtslieder singen. Diese Verballhornung der Tradition verdient es, als solche durch den Kakao gezogen und zurückgewiesen zu werden.

Vielleicht gelingt dies am ehesten, wenn wir dem deutschen Volk – bei dem im Gegensatz zum republikanisch wohlklingenden französischen *peuple* und spanischen *pueblo* immer etwas «Völkisches» mitschwingt – augenzwinkernd einen pluralistischen, bunten und offenen Begriff der Gesellschaft und der Bevölkerung gegenüberstellen. So sollten die 87 Prozent der Deutschen, die am 24. September 2017 nicht die AfD gewählt haben und sich dem manifesten Rechtsruck im Lande entgegenstellen möchten, alle miteinander skandieren: «Wir sind die Bevölkerung» – und wir sind viele, bunt und laut.

Kapitel 4

«Mut zur Wahrheit»
Die Unkultur des Disclaimers

Mainz hatte sich herausgeputzt. Die Sicherheitsvorkehrungen waren getroffen, Absperrungen ordnungsgemäß angebracht. Trotz der Einschränkungen waren die rheinischen Frohnaturen wie immer guter Dinge. Es war der Tag der Deutschen Einheit 2017. Der rhetorisch blasse Bundespräsident Frank-Walter Steinmeier war als Festtagsredner geladen. Er hatte Glück und musste sich nicht, wie noch sein Vorgänger Joachim Gauck in Dresden, durch einen wütenden und laut schreienden Mob kämpfen. 2016 hatten Demonstranten die Ehrengäste, wie den damaligen Bundespräsidenten, die Bundeskanzlerin oder den Bundestagspräsidenten Norbert Lammert, mit Schmährufen wie «Volksverräter», «Merkel muss weg» und «Haut ab» empfangen. Steinmeier konnte sich im schönen Mainz hingegen in altbundesrepublikanischer Harmonie weiden. Nach dem denkwürdigen Wahlergebnis von 2017, dem fulminanten Einzug der AfD in den Bundestag und den starken Verlusten beider «Volksparteien», sah sich der Bundespräsident dennoch gezwungen, seinen Zuhörern eine therapeutische Offerte zu machen. In seiner Rede gab er sich betont selbstkritisch und forderte gleich dreifach: «Wir müssen uns ehrlich machen.»[1]

Es ist völlig in Ordnung, dass Politiker vom Volk verstanden werden wollen. Aber man muss kein Apostel eines bildungsbürgerlichen Distinktionsgehabes sein, man muss keine elitäre Ästhetik politischer Sprache verfechten,[2] damit diese Formulierung in den Ohren schmerzt. Steinmeier hat uns politisch interessierte Bürger aufgeschreckt – aber nicht mit einer brisanten politischen Botschaft oder mit einer präzisen Diagnose, sondern mit einem hässlichen und verquasten Sound. Das ist umso schlimmer, als die in ihrer politischen Macht sowieso recht eingeschränkten Bundespräsidenten eigentlich in der Rolle eloquenter Zeitdiagnostiker und Stichwortgeber aufgehen und als politische Deutungssouffleusen in die Geschichtsbücher eingehen sollten. Richard Weizsäcker war so jemand.

Warum hatten sich Steinmeiers Redenschreiber im Präsidialamt für die bizarre Formulierung «sich ehrlich machen» entschieden? War es, um das neue Image des Bürokraten-Präsidenten zu verstärken? Steinmeier entpuppt sich ja seit Herbst und Winter 2017 zunehmend als staatstragender Krisenmanager und Strippenzieher, übte etwa in den stockenden Koalitionssondierungen Druck auf seine Politkollegen aus und forderte eine redliche Beschleunigung der Regierungsbildung. Ohne ihn hätten wir 2018 keine Neuauflage der Großen Koalition, sondern wahrscheinlich Neuwahlen gesehen.

An jenem 3. Oktober 2017 stilisierte sich Steinmeier zum Politikerkritiker, der über die Innenansichten des Systems verfügte. Das Verb «machen» sollte eine aktive Dimension in Steinmeiers Forderung kennzeichnen. «Machen» erfordert eine politische Handlung, eine heroische Tat, nämlich eine Kommunikation von Gründen und Problemen, die den Bürgern vorher nicht zugemutet und von den Politikern nicht offen benannt wurden.[3] Der bürokratische Bundespräsident stilisierte sich zum Boten der Aufklärung. Aber was könnte er mit seiner Forderung gemeint haben? Wohl kaum ehrliche Antworten auf die Bedrohungen des internationalen Terrorismus, denn der ehemalige Bundesinnenminister Thomas de Maizière hatte uns Bürgern ja erklärt, dass uns «ein Teil dieser Antworten verunsichern» würde.[4] Aber es müssen ja wohl gerade die gigantischen politischen Probleme der Gegenwart sein – die Migrations- und Flüchtlingsbewegungen, eine drohende weitere Finanzkrise, die vertagte Krise der EU, die Herausforderungen für das Rentensystem in einer alternden Gesellschaft, das für die beiden «Volksparteien» verheerende Ergebnis der Bundestagswahl –, bei denen es sich zum Beispiel «ehrlich zu machen» lohnen könnte. Politiker wie Steinmeier müssten versuchen, die vereinfachenden Slogans und die aus völkerrechtlicher Perspektive aberwitzigen Vorschläge populistischer Akteure in diesen Fragen endlich einmal in einer beherzten Vorwärtsverteidigung zu entkräften. Wenn zahlreiche Bürger und Politiker offensichtlich die Demokratie in ihrer liberalen, pluralistischen Verfasstheit in Zweifel ziehen und Demonstranten regelmäßig gewählte Politiker als «Volksverräter» titulieren, dann ist das Gebot der Stunde eine ehrliche und harte Krisenkommunikation.

Doch die Rede Steinmeiers beinhaltete keine kontroversen, provokanten, emphatischen oder leidenschaftlichen Botschaften. Neben dem kommunikativen Beschweigen der rechtsnationalen AfD, die die Finger in die Wunden einer überaus verunsicherten Gesellschaft legt, blieb es bei der Leerformel, «sich ehrlich zu machen». Eine solche Sprache ist zu vage und bleibt blutleer. Sie verpufft zudem gleich wieder, weil sie ausgelutscht ist. Die Aufforderung zu «mehr Ehrlichkeit» und neuer «Glaubwürdigkeit» formuliert ja nicht nur ab und zu ein Bundespräsident als besinnliche Feiertagsfloskel. Gebetsmühlenartig beschwören Politiker – so angesichts der jüngsten Koalitionsverhandlungen wieder Ralf Stegner, Jens Spahn oder Markus Söder am politischen Aschermittwoch 2018 – die Notwendigkeit, verlorengegangenes Vertrauen wiederzugewinnen.[5] Ständig diagnostizieren sie einen Vertrauens- oder Glaubwürdigkeitsverlust als eigentliches Problem der etablierten Parteien. Dieses Mantra signalisiert zwar ein therapeutisches Entgegenkommen. Doch konfrontiert man damit weder die Sprüche der Marktschreier, der «Abgehängten» und «Modernisierungsverlierer», deren «Sorgen man wieder ernst nehmen» müsse, mit der nötigen Aufrichtigkeit, die einer komplexen Welt Rechnung trägt, noch kann man mit solchen Floskeln der Unlust auf Politik etwas entgegensetzen.

Steinmeiers Formulierung, man müsse «sich ehrlich machen», ist durchaus als Selbstkritik der politischen Elite zu verstehen. Offenbar scheint selbst dem Bundespräsidenten «Ehrlichkeit» im politischen Betrieb der Gegenwart Mangelware zu sein. Nur schlägt er mit seiner Diagnose eben in die gleiche Kerbe wie die Populisten. Auch sie unterstellen dem «Establishment» mangelnde Ehrlichkeit. Steinmeier schielt also mit seiner Kritik auf die politikverdrossenen, frustrierten Bürger; er macht sich ihre politikskeptische Perspektive selbst zu eigen, statt eingehend über deren Gründe zu sprechen. Er belässt es bei einer Floskel, die Verständnis bloß signalisiert, und lässt uns mit vielen wichtigen Fragen allein zurück: Was bedeutet es überhaupt in einer Demokratie, ehrlich zu sein? Welche politische Aufrichtigkeit, welche Wahrheit gilt es zu finden und mutig zu erzählen? Und wie steht dieser Aufruf, mehr Ehrlichkeit zu wagen, zu der programmatischen Formel der AfD «Mut zur Wahrheit»?

Der anfängliche Sonderweg des deutschen Populismus

Um die tektonischen Verschiebungen in der deutschen Parteienlandschaft und im politischen Diskurs der letzten Jahre zu begreifen, muss man noch einmal betonen: Die deutsche «Ausnahme» oder der deutsche «Sonderweg» bestand darin, aus historischen Gründen – aber auch aufgrund der Zerstrittenheit der hiesigen radikalen Rechten – gegen einen in zahlreichen anderen europäischen Ländern bereits salonfähigen Rechtspopulismus lange Zeit immun gewesen zu sein.[6] Während die österreichische FPÖ, die «wahren Finnen», die Schwedendemokraten, der Front National oder die schweizerische SVP seit Jahren feste Größen in europäischen Parteiensystemen sind, gab es in Deutschland bis zum Aufstieg der AfD keine vergleichbare rechtspopulistische Kraft. Es existierten bis dato nur rechtsextreme Kräfte, die in der Mitte der Gesellschaft – bis auf wenige regionale Ausnahmen – als unwählbar galten. Deutschland ist also nicht nur eine «verspätete Nation», so Helmuth Plessners berühmte Formulierung, sondern hat passenderweise auch «verspätete Populisten».

Die AfD versteht sich als einzig wahre Opposition gegen die etablierten Parteien und mithin gegen das System. Sie geriert sich als Sprachrohr einer zuvor schweigenden, übergangenen Mehrheit und beansprucht für sich das Verdienst, sich mutig gegen politische Korrektheit, Denkverbote und die Systempresse zu stellen. Während das «Establishment» die Bürger täusche und unter dem Deckmantel von «political correctness» jeden legitimen Protest gegen die vermeintlich dominante linksliberale Trias aus Multikulturalismus, Internationalisierung und Gender Mainstreaming diskreditiere, handelt es sich bei der AfD, ihrem Selbstbild zufolge, um eine echte, demokratische Antwort auf die undemokratische Politik und unehrliche Rhetorik der etablierten Parteien.

Im Mai 2016 protestierte zum Beispiel Björn Höcke, der Vorsitzende der thüringischen AfD-Fraktion, gegen den Bau einer Moschee in Erfurt und benutzte die Worte, die AfD werde dafür «Sorge tragen», dass es eine «solche Alternativlosigkeit» nicht mehr gebe.[7] Höcke verwendete den Begriff der Alternativlosig-

keit als Synonym für eine liberale Religionspolitik und konflikt-
blinde Multikulti-Ideologie. Dieser Vorfall verdeutlicht, dass die
toxische Phrase der Alternativlosigkeit mittlerweile zu einem flexibel einsetzbaren, symbolisch aufgeladenen Schlagwort geworden ist und sich aus dem Kontext des Eurokrisenmanagements
herausgelöst hat. Der TINA-Sound ist zum Sinnbild der bisherigen Politik in der Ära Merkel geworden – und für die AfD zu einem sprachlichen Symbol für ein kompromittiertes, elitistisches
System, das sich zwar Demokratie nenne, aber längst den wahren Volkswillen aus den Augen verloren habe. Im Grundsatzprogramm der AfD heißt es daher auch, dass sie «als Partei des
gesunden Menschenverstandes»[8] gegen «die auf vielen Politikfeldern durch die etablierten Parteien propagierte Alternativlosigkeit vermeintlicher Sachzwänge» «auf das politische Urteils-
vermögen und die Verantwortungsbereitschaft der mündigen
Bürger» setze.[9] Dazu deklamiert die AfD den Schlachtruf «Mut
zur Wahrheit».

Dieser Sound führt uns manche Widersprüche der populistischen Gegensprache vor Augen. Dazu müssen wir uns an die ersten Gehversuche der AfD auf politischem Parkett erinnern. Unter ihrem damaligen Vorsitzenden Bernd Lucke agierte die Partei
als liberalkonservative «Euro-Opposition» und hatte noch nicht
ihr heutiges rechtsnationalistisches Profil. Im Gegensatz zu anderen europakritischen bis europafeindlichen Populisten in der EU
initiierte der Wirtschaftsprofessor Lucke einen Gegendiskurs gegen die politische Herrschaft der proeuropäischen TINA-Rhetoriker, in dem die nationale Gemeinschaft ursprünglich nur in ihrer Rolle als getäuschter Steuerzahler Bedeutung erlangte. Seine
AfD widersprach vehement der Idee, europäische Solidarität sei
eine fiskalpolitische Notwendigkeit, und lehnte eine Haftungs-
gemeinschaft in der Währungsunion entschieden ab. Lucke forderte die Abschaffung des Euro beziehungsweise den Ausschluss

der Krisenstaaten wie Griechenland, Portugal oder Spanien. Dabei verwies er auf den Vorrang nationaler Interessen. Um seinem Standpunkt Nachdruck zu verleihen, gab Lucke seine Position als sachlich-objektiv, unparteiisch und bar jeder Ideologie aus.[10] Politische Werturteile und programmatische Aussagen der Partei rechtfertigte er zum Beispiel mit Sätzen wie «Das ist der neueste Stand der Forschung» oder «Was theoretisch falsch ist, kann nicht praktisch richtig sein».[11] Auch setzte die damalige Parteiführung gezielt «Juristendeutsch»[12] ein, um Kompetenz zu simulieren.

Die AfD gerierte sich also als «Partei des gesunden Menschenverstandes», der «sich weder mit Ideologie noch mit Fundamentalismus»[13] vertrage. Mit dem Selbstverständnis als Professorenpartei und der Führungsfigur Bernd Luckes sollte das Herrschaftswissen von Ökonomen in die politische Debatte exportiert werden, auch wenn der Wirtschaftswissenschaftler Lucke nie zu den makroökonomischen Problemen der Krisenpolitik geforscht hatte. Somit setzte die AfD zu Beginn ihrer Parteigeschichte auf einen antipolitischen Antiparteienreflex und behauptete trotz der bestehenden wirtschaftswissenschaftlichen Kontroversen die Letztgültigkeit ihrer Positionen. «Sich ehrlich machen», um noch einmal Steinmeiers fürchterliche Formulierung aufzugreifen, war hier zunächst einmal gleichbedeutend mit der politischen Umsetzung ökonomischer «Wahrheiten» auf der Grundlage von wissenschaftlicher Expertise.

Die junge AfD opponierte gegen die «alternativlose» Politik der Eurorettung noch mit einer Rhetorik vorgeblicher Ideologielosigkeit, die selbst hochideologisch war. Paradoxerweise brachte sie gegen die von Merkel und Schäuble auf europäischer Ebene vorangetriebene Politik eines technokratischen «Exekutivföderalismus» ausgerechnet die Rationalität von politisch verfemten Experten und deren vermeintlich sachliche Krisendiagnostik in

Stellung. Auf einem Parteitag im März 2014 sagte Bernd Lucke: «Wir sind eine Partei, die sich nicht in das übliche Rechts/Links-Schema einordnet.»[14] Damals verlief die Konfliktlinie demzufolge noch zwischen einer von der Kanzlerin repräsentierten Politik der alternativlosen Mitte und einer vermeintlich antiideologischen Opposition, die – analog zu Thatcher – ihre wirtschaftswissenschaftlich grundierte Sachlichkeit mit dem gesunden Menschenverstand gleichsetzte. Der Regierungs- («Alternativlosigkeit») und der AfD-Rhetorik («gesunder Menschenverstand») ist indessen gemein, dass sie politische Gegenentwürfe gleichermaßen verschleiern und diskreditieren; beide Kommunikationsstrategien sind in gewisser Weise autoritär, da sie die eigene Position als einen politischen Vorschlag nicht im Lichte alternativer Möglichkeiten kommunizieren. Indem die AfD das Mantra vom *common sense* wiederbelebt, nimmt auch sie für sich den einzig richtigen Weg jenseits «fauler Kompromisse» in Anspruch und propagiert eine «Wahrheit» fernab politischer Aushandlungen. Eine politische Sprache, die ihre eigene Parteilichkeit offen artikuliert, hat beim deutschen Bürger wohl einen schlechten Leumund.

Aus den Populisten spricht nicht einfach «das Volk», sondern es sprechen autoritär gesinnte politische Akteure, welche die alte, herrschende Elite austauschen und an deren Stelle regieren wollen. Diesen neuen Autoritarismus scheinen einige Wähler nicht zu erkennen, glauben sie doch an die Selbstermächtigung des Volks durch populistische Parteien. Aber entgegen ihrer Selbstinszenierung als Volkstribunen handelt es sich bei Bernd Lucke, Frauke Petry oder Alexander Gauland von der AfD, bei Marine Le Pen in Frankreich, Geert Wilders in den Niederlanden und Heinz-Christian Strache in Österreich um Politiker, die ein autoritäres und ebenso elitäres Politikverständnis teilen. Ihre Sprache verrät sie. Der technokratische Sound der Macht fand in der pseudo-demokratischen Gegensprache der AfD in Deutschland zunächst nur sein Alter Ego.

Die antidemokratische Verwandtschaft von Expertokraten und Populisten

Zwischen expertokratischen und populistischen Politikverständnissen herrscht eine seltsame Strukturhomologie.[15] Sowohl Expertokraten als auch Populisten wollen eine Politik im Namen der epistemischen Wahrheit oder des wahren Volkswillens betreiben. Wahrheit ist aber ein Problem für die Demokratie. Denn hier geht es nicht um Wahrheit. In der Demokratie geht es um kollektiv verbindliche Entscheidungen, die wieder zurückgenommen werden können, wenn sich Mehrheiten ändern. Es geht um Lösungen, Programme, Meinungen und Präferenzen – um Alternativen.

Betreten wir kurz einmal den Elfenbeinturm. Die Philosophin Hannah Arendt schrieb einst: «Wer nichts will als die Wahrheit sagen, steht außerhalb des politischen Kampfes, und er verwirkt diese Position und die eigene Glaubwürdigkeit, sobald er versucht, diesen Standpunkt zu benutzen, um in die Politik selbst einzugreifen.»[16] Für Arendt, eine der profiliertesten Kritikerinnen des Totalitarismus, war eine Unterscheidung von eminenter Wichtigkeit, die man im Zeitalter des Postfaktischen und eines amerikanischen *fake news*-Präsidenten nicht hoch genug halten kann: «Wenn politische Macht sich an Vernunftwahrheiten vergreift, so übertritt sie gleichsam das ihr zugehörige Gebiet, während jeder Angriff auf Tatsachenwahrheiten innerhalb des politischen Bereichs selbst stattfindet.»[17] Philosophen, Wissenschaftler, Richter, Journalisten mögen auf der Suche nach Vernunft und Wahrheit sein. Politik hingegen gestaltet; Politiker entscheiden

und kommunizieren im Angesicht politischer Alternativen, sie
verändern und orientieren sich an Programmen und Ideologien
und versuchen, mehrheitsfähige Vorschläge für kollektiv verbindliche Entscheidungen zu unterbreiten. In der Politik geht es
daher nicht um «Vernunftwahrheit», sondern um die Unterscheidung von (wahren) Tatsachen und *fake news*. Es geht um die
Herstellung von Glaubwürdigkeit.

In liberalen Demokratien müssen Politiker Entscheidungen
treffen, ohne dass sie dafür eine metaphysische Wahrheit, unum-
stößliche Vernunft, das Schicksal oder andere transzendente
Bestimmungen anführen können.[18] Demokratie ist ein weltliches
Unterfangen und funktioniert durch Mehrheitsbeschlüsse, sie
lebt von Kontroversen und besteht in Kompromissen. Die Logik
der Mehrheitsentscheidung und der Volkssouveränität wird allerdings aufgrund des sogenannten konstitutionalistischen Prin-
zips um ihrer selbst willen beschränkt, denn Gewaltenteilung
und Minderheitenrechte müssen geschützt, Verfassungsnormen
beachtet werden. Das Bundesverfassungsgericht ist daher ein un-
demokratisch legitimierter Hüter der Verfassung und schützt genau damit die Demokratie.

Folgerichtig kann in pluralistischen Gesellschaften die Ver-
bindlichkeit politischer Entscheidungen über keine allgemeine
«Anerkennung von Wahrheitsansprüche[n]»[19] hergestellt werden. Sie erwächst aus rechtsstaatlich verfassten politischen Institutionen und Verfahren. Demokratisch zustande gekommene
Kompromisse und Mehrheitsentscheidungen können keinen Anspruch auf eine für alle einsichtige, universale Richtigkeit und
Wahrheit erheben. Es wird immer politische Akteure und Wähler geben, die eine andere Entscheidung getroffen hätten, weil sie
mit der Begründung einer Entscheidung nicht übereinstimmen
und andere, für sie überzeugendere Gegenargumente anführen
können. Politische Ergebnisse sind kontingent, das heißt sie sind

weder zwingend notwendig noch unmöglich.[20] Sie können wieder geändert werden. Die Gründe und Ziele politischer Entscheidungen sind also nur unter Vorbehalt richtig und beruhen auf Annahmen, die man neuen Erkenntnissen und Umständen anpassen können und gegebenenfalls revidieren muss. Daher ist jede Behauptung einer unumstößlichen, irreversiblen Wahrheit für liberale Demokraten problematisch. Demokraten (er)finden keine Wahrheit, sondern reden bestenfalls ehrlich.

Dieser kleine Exkurs in die Theorie war nötig, um uns die große Zumutung der modernen liberalen Demokratie zu vergegenwärtigen: Wir müssen Kontingenz – das heißt also Unbestimmtheit, Uneindeutigkeit und Komplexität – aushalten. Die moderne Welt ist selbst für den ambitioniertesten Politiker unkontrollierbar. Statt diese Herausforderung anzunehmen, berufen sich Populisten wie die der AfD auf einen unumstößlichen, gesunden Menschenverstand, auf einen vordiskursiven Volkswillen und reklamieren Wahrheit. Doch sind sie nicht die einzigen, die mit den Zumutungen der liberalen Demokratie hadern: Auch Wissenschaftler und Experten skandieren bei «Wissenschaftsmärschen» wie im April 2017 in Berlin und Washington lauthals «*truth is a fact*». Selbstbild und Wissenschaftsverständnis mancher Wissenschaftler und Wissenschaftsaktivisten beruhen auf der Fiktion, wissenschaftliche Eindeutigkeit sei herstellbar. Demzufolge könne man auch nur aus sachlichen, wissenschaftlichen und evidenzbasierten Analysen rationale Handlungsempfehlungen an eine sonst irrationale Politik ableiten. Hier schwingt die Idee mit, es gebe optimale Lösungen für politische Probleme auf der Grundlage der Wissenschaft. Der gegenwärtige Präsident der Deutschen Forschungsgemeinschaft und Mediävist Peter Strohschneider nennt dieses Wissenschaftsverständnis daher «solutionistisch».[21]

Politikberater plädierten einst mit dem Slogan von «*science speaking truth to power*»[22] für eine wissenschaftlich eingehegte

oder zumindest informierte Politik, um zwischen politischen Ge-
staltungsinteressen auf der einen und einer jeweils «optimale[n]
Sachlösung»[23] auf der anderen Seite zu vermitteln. Tatsächlich
stellt sich das Problem, dass man Expertise politisch einbeziehen
und wissenschaftliche Erkenntnisse mit demokratischen Mehrheiten versöhnen muss. Nehmen wir kurz das Beispiel des heute
wieder umstrittenen Klimawandels, um diesen Punkt zu verdeutlichen: Ohne Experten für den Klimawandel ist Klimapolitik undenkbar. Politik braucht also Experten. Allerdings
kritisiert selbst Ottmar Edenhofer, Mitglied und Leiter einer Ar-
beitsgruppe des berühmten Intergovernmental Panel on Climate
Change (IPCC), das bisherige Verhältnis von Wissenschaft und
Politik in der Klimapolitik als «verhängnisvolle Liaison»: «Politiker wollten Sachzwänge, und Wissenschaftler haben dann
scheinbar alternativlose Sachzwänge angeboten.»[24] Wissenschaftliche Fragen wurden folglich zu politisch implementierbaren
truths und zu apodiktischen Glaubensfragen stilisiert. Das Problem dabei liegt auf der Hand: Auch akademisches Wissen ist
kontextabhängig, und Politiker gehen bei der Auswahl von Gutachten oder Evidenzen stets selektiv vor.[25] Gutachten und Studien werden auch nach politischer Opportunität berücksichtigt.

Klimapolitik kann unliebsame Entscheidungen nach sich ziehen, die bei Wählern Unmut hervorrufen. Wenn Politiker dann
auf wissenschaftlich begründete Handlungsimperative verweisen, um Rechtfertigungsballast loszuwerden, kann das nach hinten losgehen. Gerade die politikskeptische und technokratische
Beschwörung wissenschaftlicher Expertise hat eine heftige Ge-
genreaktion hervorgerufen: Die neuen Populisten misstrauen
den Technokraten, den Experten und ihrer «Wahrheit». Ihnen
geht die Rede von objektiven Sachzwängen und Evidenzen auf
die Nerven. Ein Politiker wie Trump verbietet seiner Gesundheitsbehörde sogar Begriffe wie «evidence-based».[26]

Haben wir uns also vor kurzem noch über die politischen An-
maßungen der Experten echauffiert, so werden heute auch dank
Trump in «*science marches*» die Freiheit der Wissenschaft und die
Bedeutung von Expertise verteidigt. Aber «Wahrheit» ist selbst in
der Wissenschaft ein umstrittener Begriff. Zum Beispiel setzen die
Geisteswissenschaften eher auf die Plausibilität ihrer Argumente.
Aber sollten wir im Zeitalter des wachsenden populistischen
Misstrauens gegenüber Experten überhaupt darauf hinweisen,
dass Wissenschaften zwar methodisch verlässlich, aber strukturell
offen sind und insofern keineswegs definitive politische Entscheidungen begründen können? Oder bringen wir Wissenschaftler
uns damit letztlich nur um Einflussmöglichkeiten auf die Politik?[27] Wichtig für die Frage nach der Rolle der Wahrheit in der
Politik ist vor allem eines: Die Wissenschafts- und Wahrheits-
apostel vergessen allesamt, dass Expertise politische Entscheidungen zwar vorbereiten und die politische Willensbildung ergänzen
kann, ohne diese aber ersetzen zu können. Die Vermessung von
Sach- und Handlungszwängen ist und bleibt die Aufgabe politischer Kontrahenten in der offenen Debatte. Und genau das muss
in der Sprache der politischen Akteure abgebildet werden.

Wir haben es mit einem paradoxen Phänomen zu tun: Während sich Expertokraten und Populisten in ihrer antidemokrati-
schen Vorstellung von einem einzig richtigen Weg in der Politik
ähneln, wenden sich Populisten mit der Rede vom Volkswillen
gegen das volksferne «Establishment», das zwar kluge Experten
für seine Ansichten mobilisieren könne, aber längst die Boden-
haftung und den Kontakt zum Wähler verloren habe. Die
Diskreditierung bestimmter politischer Optionen durch die Ver-
absolutierung von Expertenmeinungen oder auch durch die De-
legierung genuin politischer Entscheidungen an Gerichte hat die
Populisten letztlich dazu ermutigt und auch ermächtigt, politische Handlungsspielräume selbst gegen jeden Sachverstand ein-

zufordern. Für Bürger, die an die Errungenschaften der Aufklärung glauben, ist besonders irritierend, dass es Populisten immer
wieder gelingt, gerade die Irrationalität ihrer Positionen zu einer
neuen politischen Glaubwürdigkeit umzudeuten. Sie folgen ja
nur Volkes Stimme. Michael Gove, der konservative Anführer
der britischen Brexit-Kampagne, brachte diese Entwicklung auf
die zwar vage, aber auch kongeniale Formel, «die Briten hätten
jetzt endlich genug von Experten».[28] Die Menschen wollten einfach die Kontrolle über ihr Land zurück. Mit diesem Pauken-
schlag versuchte Gove im Juni 2016 die düsteren Prognosen für
die britische Wirtschaft im Falle des Brexits aus dem Wind zu
schlagen. Und auch in Deutschland erinnern wir uns noch gut an
Gerhard Schröders süffisante Volte gegen «den Professor aus
Heidelberg», um die steuerpolitischen Vorschläge des Finanzex-
perten Paul Kirchhof abzukanzeln.

In dieses Bild passt auch die unaufhörliche Glorifizierung des
gesunden Menschenverstands und der Ansichten des Otto-Nor-
mal-Bürgers seitens der AfD. Der *common sense* wird in der Post-
Lucke-Ära auf einmal konsequent gegen Experten in Stellung
gebracht. Ein solcher Antiintellektualismus gehört zu den festen
Bestandteilen von Populismus, der sich laut Ruth Wodak stets
durch die «Arroganz der Ignoranz» auszeichnet.[29] Populisten gewinnen folglich Glaubwürdigkeit, indem sie sich bodenständig
und einfach geben. So etwas kommt heute wieder gut an. So sind
die Einholung von Expertise, die Bemühung um sachliche Ange-
messenheit und die Verteidigung der Rolle von Institutionen wie
Gerichten oder europäischen Gremien mittlerweile eher kontra-
produktiv und spielen den Populisten mit ihren unterkomplexen
Anbiederungsstrategien in die Hände.

Wir sehen also: Demokratie steht mittlerweile vor der doppelten Herausforderung expertokratischer Aushöhlung und populistischer Anfechtung. Auf der einen Seite misstrauen Expertokra-

ten dem Volk und setzen auf die unparteiische Rationalität ihres Wissens, während Populisten wiederum Experten misstrauen und auf den einzig wahren Volkswillen setzen. Auf der anderen Seite erkennen wir nun eine paradoxe Ähnlichkeit zwischen Expertokraten und Populisten: Ziehen radikale Expertokraten und Technokraten der politischen Mehrheit eine wissenschaftliche Wahrheit oder rationale Expertise vor, schwadronieren Populisten von einem vordiskursiven Volkswillen und einer Wahrheit im Gewande des gesunden Menschenverstands (das Volk könne seine eigenen Interessen eben am besten selbst erkennen). Nach beiden Denkmodellen sind langwierige Prozesse parlamentarischer Willensbildung eigentlich überflüssig. Sowohl Expertokraten als auch Populisten missachten echten politischen Pluralismus und verschleiern die Kontingenz der politischen Entscheidungsfindung. Sie sind – um einen Begriff des Soziologen Armin Nassehi zu verwenden – «abweichungsintolerant»[30]: Andere Meinungen oder Positionen sind für den Populisten volksverräterisch, für den Expertokraten irrational oder unsachlich.

Rechtsverschiebung:
Das Ende des deutschen Sonderwegs

Auch weil sich diese beiden Versionen einer politischen (Letzt-) Begründung in ihrer Stoßrichtung gegen die Zumutungen der liberalen Demokratie gleichen, konnte sich der innerparteiliche Diskurs der AfD schnell von einem neo-technokratischen Anti-Euro-Kurs zu einem nationalistischen Rechtspopulismus verschieben. Luckes hierarchische Versuche einer rationalen Bändigung des Geistes, den er selbst aus der Flache gelassen hatte, misslangen auf ganzer Linie und bescherten der Partei schon im Jahr 2014 zahlreiche Skandale. Der Machtkampf war entfacht.

Lucke wurde schließlich öffentlich demontiert; die rechtsextremen und völkischen Positionen nahmen überhand, und Figuren
wie Frauke Petry, Alexander Gauland und später Alice Weidel
übernahmen die Führung. Fortan sollte man wieder «völkisch»
sagen dürfen.[31]

Der vormalige Parteivorsitzende fühlte sich durch diesen rhetorischen Gezeitenwechsel brüskiert und gab zu Protokoll: «Ich
sehe ein Erstarken von Gedankengut aus dem Bereich der
Neuen Rechten, also von Menschen, die anti-parlamentarisch
eingestellt sind, ethnische Homogenität wollen und liberale,
marktwirtschaftliche und pluralistische Vorstellungen bekämp-
fen.»[32] Daraufhin konterte seine Nachfolgerin Petry: «Lucke
schreckt nicht davor zurück, Andersdenkende schlichtweg ins
rechtsradikale Lager abzuschieben».[33] Der thüringische Landes-
vorsitzende und rechte Scharfmacher Höcke ging gleich einen
Schritt weiter und warnte davor, «jedes einzelne NPD-Mitglied
als extremistisch» einzustufen: «Das würde in der Beurteilung etwas zu weit gehen».[34] Bis heute geben sich die Funktionäre der
AfD alle Mühe, politische Konturen und Grenzüberschreitungen
zu verwischen. Am Ende soll niemand mehr merken, wie die
Partei immer weiter nach rechts rückt. Aus der liberal-national-
konservativen Opposition gegen die Krisenpolitik in der Eurozone ist eine identitätspolitische Fundamentalopposition gegen
den liberalen Kosmopolitismus und Multikulturalismus, gegen
ethnischen und religiösen Pluralismus geworden. Aus einem Nationalismus der Steuerzahler ist ein völkischer Nationalismus geworden. Die AfD sei mittlerweile ein «Schmutzfänger auf der
rechten Seite», so Lucke bereits im September 2015.[35] Mit ihrer
populistischen Gegensprache treibt sie die politische Konkurrenz vor sich her. Der Rechtsdrift folgt durchaus der Logik
und dem Selbstverständnis dieser Partei. Er folgt aus ihrem vulgärdemokratischen Politikverständnis und einem allgemein an-

schlussfähig gewordenen Kult der Opferrolle in politischen Debatten.

Die AfD kultiviert einen genauso beleidigten wie selbstgefälligen Gestus des vermeintlichen Diskursopfers und begreift sich als letztverbliebene Partei der freien Meinungsäußerung.[36] Hinter diesem Selbstverständnis verbirgt sich jedoch eine antiliberale politische Praxis, die uns auch die politische Kultur der Vereinigten Staaten vor Augen führt: Im Namen von Rede- und Meinungsfreiheit dürfen dort stundenlang Holocaustleugner sprechen, es dürfen Korane verbrannt und es darf gegen Andersgläubige gehetzt werden. Hier fehlt die moderne und geschichtsgelehrige Vorstellung einer liberaldemokratischen Beschränkung der Freiheit – eben auch der eigenen Redefreiheit. Mit einem geradezu naiven, ja letztlich vorpolitischen Verständnis von Rede- und Meinungsfreiheit erheben Bürger, Publizisten und Politiker den Anspruch, Gruppen wie Migranten, Frauen, Homosexuelle und Minderheiten in ihrer vermeintlichen Andersartigkeit anzusprechen. Diskriminierung und Hassrede werden zum heroischen Akt der Wahrheitsfindung und des ehrlichen Sprechens. Sie resultieren aus dem vermeintlichen «Mut zur Wahrheit».

Aus einem falschen, nämlich übersteigerten Freiheitsverständnis heraus verzichtet die Parteiführung der AfD auf eine konsequente Eindämmung der rechten Unterwanderung ihrer Strukturen. Eben weil man sich nicht wie die «Systemparteien» Denkverboten oder politischen Tabus unterwerfen will, lässt man doch einfach gleich alles zu (freilich immer nur, solange es rechts ist). Der Journalist und langjährige AfD-Beobachter Justus Bender zieht daraus den Schluss, dass aus den innerparteilichen Ränkespielen am Ende nur ausgewiesene Provokateure, Scharfmacher und deren Dulder unbeschadet hervorgehen. Übersteigerte Freiheitsvorstellungen sind paradoxerweise der Nährboden für einen neuen Autoritarismus.[37] Der Gestus, gegen Denk- und

Sprechverbote, gegen Alternativlosigkeit und «political correctness» aufstehen oder gar auf die Straße gehen zu müssen, führt zu einem politischen Stil des Tabubruchs, der gezielten Provokation und der strategischen Ambivalenz.[38] Politische Grenzen werden immer wieder überschritten, um die eigenen Aussagen anschließend zu relativieren. Die eine «rutscht auf der Maus aus», wenn es um Schießbefehle gegen Frauen und Kinder als ultima ratio an deutschen Grenzen geht.[39] Der andere hatte angeblich keine Ahnung, wer Jérôme Boateng ist, will diesen aber nicht zum Nachbarn haben.[40] Am Ende hat man es ja nie so gemeint oder geht hinter der angeblich gleichgesinnten, aber schweigenden Mehrheit politisch in Deckung.

Zum neuen politischen Repertoire gehören Täuschungsmanöver und Flunkereien ebenso wie zynische Gerissenheit. Gerade für diejenigen Politiker, die für sich den «Mut zur Wahrheit» in Anspruch nehmen, sind Lügen «kein machiavellistisches Mittel der Politik mehr, das man vor den Augen der Öffentlichkeit besser verborgen hält». [41] Offensichtliche Tricksereien und Dummheiten gelten heute bei vielen Wählern als «Ausweis von Cleverness», ihre Häufung verdeutlicht auch einen besorgniserregenden «Verfall bürgerlicher Maßstäbe».[42] Krawall ist zum Ventil frustrierter Bürger geworden und dient der Kompensation der eigenen Marginalisierung, oft auch der Kaschierung des eigenen politischen Desinteresses. Durch die Wahl der AfD kann man den Politikern endlich einen Denkzettel ausstellen. Der «Mut zur Wahrheit» dient der offenen Artikulation von Ressentiments. Bernd Lucke hat einmal eingestanden, dass die AfD neben den üblichen «Karrieristen, Querulanten und Intriganten» vor einem weiteren Problem stehe: «Mitglieder, die aus ganz unpolitischen Gründen große Aktivitäten in der Partei entfalten. Manche wittern in der Partei die berufliche Chance eines bislang eher erfolglosen Erwerbslebens, andere sehen die Bedeutung ihrer Person

dadurch hervorgehoben, dass sie bei allen passenden Gelegenheiten irgendwelche Schwierigkeiten machen, und wieder andere (oder auch die gleichen) empfinden eine klammheimliche
Freude daran, Parteifreunden mit Intrigen Schwierigkeiten zu
machen.»[43] Nicht nur die sprachliche Brutalisierung, auch die
Entbürgerlichung der Politik entpuppt sich als ein Vehikel des
rechtsnationalen Autoritarismus.

Für Hans-Olaf Henkel, ebenfalls ein ehemaliges Mitglied des
Bundesvorstands der AfD, ist diese Entwicklung nicht nur partei-
intern zu erklären. Henkel attestiert dem Versuch, die Partei
durch das frühe Anheften des Etiketts Rechtspopulismus im politischen Feld zu desavouieren, eine ganz eigene, unbeabsichtigte
Mobilisierungskraft: «Wir sind hier in einen Teufelskreis geraten. Am Anfang wurden wir als Professorenpartei verunglimpft.
Dann begannen Altparteien und Medien das Mantra von der
rechtspopulistischen Partei zu wiederholen. Meiner Beobachtung
nach haben erst danach Rechtspopulisten gesagt: Oh, da gibt es
eine neue Partei für uns, da treten wir ein. Unser Fehler war, das
zu spät gemerkt zu haben».[44] In der Tat kann ein solches politisches Label gerade jenen eine politische Heimat versprechen,
die sich zuvor nicht identifizieren konnten und unschlüssig waren. Die politpädagogische Weisung, ja nicht in die Partei der
«Schmuddelkinder» einzutreten, hat die AfD für viele erst at-
traktiv gemacht. Stigmatisierung kann Identitäten festigen und
lose Gruppen zu Kollektiven zusammenschweißen. Vermutlich
kennen viele das aus der Jugend, als die Eltern einem die falschen
Freunde ausreden wollten. Aber nirgendwo ist es so spannend
wie unter Verfemten. Dieses Phänomen macht die Frage nach
Wegen und Mitteln einer politischen Auseinandersetzung mit
der AfD noch brisanter.

Allerdings sollte man es Henkel nicht so einfach machen:
Bereits seine eigene Rede von «Altparteien» – wahlweise «Sys-

temparteien» – kultiviert den populistischen, systemkritischen Gestus und inszeniert die AfD als Verkörperung eines neuen politischen Aufbruchs, als Jungbrunnen für eine erschlaffte politische Landschaft. In dieser neuen Partei ließen sich auf einmal alle Ansichten und Einstellungen offen artikulieren, die zwar schon lange in der Gesellschaft existierten, in anderen Parteien aber entweder geächtet waren oder zumindest nur verklausuliert oder abgeschwächt ausgesprochen wurden.

«Das wird man ja wohl noch sagen dürfen»

Immer noch hören wir die Phrase «das wird man ja wohl noch mal sagen dürfen», um eine darauffolgende Aussage zu verharmlosen. Mit dieser Agitationsfloskel sind wir in eine Unkultur des politischen *Disclaimers* eingetreten. Bevor ein Sprecher oder eine Sprecherin diskriminierende Gedanken artikuliert, wird im Sinne einer *captatio benevolentiae* im Mantel der Bürgerlichkeit vorweggeschickt: «Ich bin ja kein Rassist, aber», «ich habe ja nichts gegen Ausländer/Muslime/Schwule, aber». Zu diesem Sound gehören auch Beschwörungen, man sei doch persönlich mit Türken, Arabern oder Homosexuellen befreundet. So schob einst Jörg Meuthen, seit 2015 einer der beiden Bundessprecher der AfD, seiner Ablehnung der «Homo-Ehe» hinterher: «Ich bin nicht erfreut, wenn mir dann eine Homophobie nachgesagt wird oder so etwas – ich habe Homosexuelle in meinem Bekanntenkreis, das hat, glaube ich, jeder Mensch. Und ich hab damit auch nicht einen Anflug von Berührungsängsten. Ich habe eine Position, die vertrete ich.»[45]

Der hier benutzte *Disclaimer*, man könne im Privaten ja ganz gut mit denen (nur seltsamerweise nicht im Öffentlichen), sowie jene Einleitungsphrase vor dem berühmt-berüchtigten kleinen «aber» dienen dazu, die eigene Position anschlussfähiger und moderater zu formulieren, als sie eigentlich verstanden werden kann. Man macht dem Gegenüber auf den ersten Eindruck ein Gesprächsangebot. Es könnte ja sein, dass man vielleicht doch noch einen *common ground* der Verständigung findet. Eigentlich will man ja nichts Böses. Doch wer darauf hereinfällt, ist wirklich selbst Schuld. So ist es politisch wohlfeil und geradezu naiv, durchs bloße Reden Rechte von den eigenen politischen Illusionen überzeugen zu wollen oder ihnen mit den Mitteln der Logik beizukommen, wie das unlängst drei Autoren prominent forderten.[46] Meist haben Populisten nämlich eine geradezu kindliche Freude daran, Tabus zu brechen und die Masse gegen «die da oben» oder «die da draußen» aufzustacheln. Und Mäßigung und Argumente in mancher Talkshow verschaffen ihren Anhängern sowieso keine Genugtuung. Die Fans erwarten vielmehr eine Auflösung der Spannung zwischen dem, was man noch nicht sagen darf, und dem, was man immer schon einmal sagen wollte.

Dazu gehört der Sound einer heroisch gewendeten Selbstviktimisierung. Aus strategischen Gründen müssen die Populisten beanspruchen, mit der Stimme eines politisch marginalisierten Opfers zu sprechen, das nun endlich den Mut aufbringt, die Wahrheit auszusprechen und trotz eines linksliberalen (oft heißt es noch abschätziger: «linksversifften») Meinungsdiktats die eigenen Gedanken frei zu äußern. Aus der Position der Vernachlässigten, der «Abgehängten» und der «Marginalisierten» wird der heldenhafte Standpunkt der Außenseiter, deren Partei, einmal gewählt, im Einklang mit dem Volk ehrlich und authentisch durchregiert. Dafür scheint es völlig unerheblich, ob populistische Politiker selbst einer Elite entstammen. Entscheidend ist vielmehr, ob sie die Gesellschaft erfolgreich polarisieren können.

Die politische Polarisierung und Provokation erfolgt also durch die pseudoheroische Stilisierung oder Inszenierung der eigenen Position zum Diskurs- und Medienopfer. Daher wird jegliche Zurückweisung ihrer angeblich legitimen, aber politisch verfemten Kritik als «neuer Tugendterror» gebrandmarkt.[47] Die AfD hat diese politische Sprecherrolle nicht erfunden; einer ihrer Meister, das *enfant terrible* deutscher Debattenkultur, ist sicherlich der Autor und SPD-Politiker Thilo Sarrazin, dessen 2010 veröffentlichte Verfallsgeschichte der deutschen Einwanderungsgesellschaft sich millionenfach verkaufte. Schon vor einem guten Jahrzehnt hat Sarrazin mit dem Slogan «Das wird man ja wohl noch mal sagen dürfen» den Raum des politisch Sagbaren merklich nach rechts verschoben und sich dabei zum diskursiven Outlaw stilisiert. Sein Werk strotzt nur so von antimuslimischen Ressentiments, wenn Sarrazin etwa gegen «kleine Kopftuchmädchen» agitiert, genetische Einflussfaktoren bar jeder naturwissenschaftlichen Vernunft überbetont oder die in Sippenhaft genommenen «anatolischen Bauern» biopolitisch abwertet. Sarrazins Denken offenbart ein wohlfahrtschauvinistisches Weltbild, das Menschen auf ihre wirtschaftliche Nützlichkeit herabsetzt. Intelligenz ist für ihn das Kriterium dafür, ob jemand gesellschaftlich brauchbar ist oder nicht. Dieses Denken offenbart eine direkte Verbindung zwischen der wohlfahrtschauvinistischen und neoliberalen Phrase vom «Sozialamt für die Welt», die auch CSU-Chef Horst Seehofer in den Mund nimmt,[48] und der neonazistischen Parole «morgen fremd im eigenen Land» (von Alexander Gauland wortwörtlich wiederholt).[49] Das Gerede von der «sozialen Hängematte» hat rassistische Untertöne, machten es sich doch vor allem die faulen und dummen Nachkommen anatolischer Bauern oder andere Migranten in ihr bequem. Fast alle Thesen Sarrazins waren empirisch falsch. Dennoch fanden und finden sie glühende Anhänger. Hermann Behrendt, der ehemalige AfD-Sprecher Nordrhein-Westfalens, schreibt etwa: «Wir haben ganz überwiegend die Unterschicht aus den Herkunftsländern einwandern lassen. [...] Selbstverständlich zieht diese dann den Intelligenz-Durchschnitt in der aufnehmenden Bevölkerung nach unten. Und das gilt nicht nur für die eingewanderte Generation, sondern wegen der vererbten Veranlagung auch für die folgenden Generationen.»[50] So klingt die faule Sprache der Diskriminierung und Herabsetzung, die sich selbst als couragierter Akt der Wahrheitsfindung und Ehrlichkeit begreifen will.

Schon Thilo Sarrazin witterte allerorten ein linksliberales, grünes Meinungskartell und eine tugendbesoffene Sprachpolizei, die sich freiwillig dem Diktat politischer Korrektheit unterwerfe. Seine (nur scheinbar empirisch rückversicherte) Analyse und Kritik der bisherigen Integrations- und Migrationspolitik werde von moralisierenden Gutmenschen zurückgewiesen, er selbst sei das «Opfer» eines unehrlichen Diskurses. Politische und gesellschaftliche Ablehnung dienten ihm zur Selbstbestätigung in seiner Rolle als einsamer Apostel der unbequemen Wahrheit. Der Clou ist, dass die politische Hexenjagd auf ihn letztlich eine *self-fulfilling prophecy* war. Sarrazin wurde dank seines Bestsellers zum Multimillionär und Dauergast in Talkshows, über sein Buch wurde in allen Feuilletons berichtet, er war der Autor mit den bestbesuchten Lesungen des Landes. Obwohl er seine Positionen und Ressentiments also in Dauerschleife öffentlich zum Besten gab, beklagte er sich über ein vergiftetes Diskursklima, in dem keiner mehr «Klartext» sprechen dürfe und die «freie Meinungsäußerung» nichts mehr gelte.[51]

Unser kurzer Rückblick auf Sarrazin und seine vorgetäuschte Opferstory ist noch aus einem anderen Grund erhellend: Wenn man sich die kommerzielle Erfolgsgeschichte seines 2010 erschienenen Bestsellers «Deutschland schafft sich ab» – eines der meistverkauften Sachbücher der bundesrepublikanischen Nachkriegsgeschichte – vor Augen führt, dann liegt der Schluss nahe, dass

Fremdenfeindlichkeit und die Abwertung von Asylsuchenden und Migranten schon lange vor dem September 2015 Konjunktur hatten. Die sogenannte Flüchtlingskrise führte schließlich nur zu einer weiteren Brutalisierung der Rhetorik. Sie diente als «Katalysator der Formierung neuer rechter Bewegungen» und machte sichtbar, dass das «Ressentiment gegen Flüchtlinge […] in längst überkommen geglaubten völkischen Vorstellungen von Gesellschaft verankert ist.»[52] Alexander Gauland hatte selbst erkannt: «Natürlich verdanken wir unseren Wiederaufstieg in erster Linie der Flüchtlingskrise.» Und er konstatierte mit dem ihm eigenen Zynismus: «Man kann diese Krise ein Geschenk für uns nennen. Sie war sehr hilfreich.»[53] Hilfreich war sicherlich auch, dass der damalige bayerische Ministerpräsident Horst Seehofer davon sprach, dass es aufgrund der Grenzöffnung im September 2015 «keinen Zustand von Recht und Ordnung», sondern «eine Herrschaft des Unrechts» gegeben habe.[54] Seehofer erklärte: «Das war ein Fehler, der uns noch lange beschäftigen wird. Ich sehe keine Möglichkeit, den Stöpsel wieder auf die Flasche zu kriegen.»[55]

Die Rechtsdrift des politischen Klimas war schon zu beobachten, lange bevor die deutsche Gesellschaft mit der scheinbar abrupten Zunahme an Flüchtlingen und mit der Entscheidung Angela Merkels, die Grenzen zu öffnen, konfrontiert wurde. Durch die öffentliche Wiederholung der These, eine plötzlich sichtbare «Überfremdung» habe die heutigen nationalistischen und wohlfahrts-chauvinistischen Vaterlandsverteidigungen geradezu provoziert, verdrehen wir nicht nur die politischen Kausalitäten, sondern externalisieren gleichsam das gesellschaftliche Problem rassistischer Ressentiments: Nicht die Deutschen, sondern Ausländer und Flüchtlinge sind eigentlich schuld an unseren Vorurteilen, da sie uns überfordern oder unsere Stereotype womöglich gar erfüllen. Für die Zurechenbarkeit von Verantwortung in der politischen Debatte ist es dann verhängnisvoll, wenn Bürgermeister von Kommunen wie Cottbus 2018 ausgerechnet nach rechten Ausschreitungen einen «Aufnahmestopp» von Flüchtlingen fordern.[56]

Wir müssen uns davor hüten, Ressentiments, nationalistisches, völkisches und autoritäres Denken ausschließlich in einer Partei wie der AfD und ihrer Wählerklientel zu vermuten. Ein Nationalismus- und Rassismusproblem haben nicht nur Menschen am rechten Rand, genauso wie der wiederauflebende Antisemitismus kein exklusives Problem von Muslimen ist. Wahrscheinlich kann im linksliberalen Milieu aus Politikwissenschaftlern und Journalisten so ziemlich jede oder jeder aus seinem Bekanntenkreis ein paar schwarze Schafe aufzählen, die der Aussage Alexander Gaulands von Anfang 2016 zustimmen würden: «Der gesamte Flüchtlingsstrom nach Europa […] ist unserer Bevölkerung nicht zuzumuten. Wir sitzen in der Falle. Merkel muss jetzt handeln! Es gibt nur einen Weg. Auch Deutschland muss jetzt seine Grenzen schließen.»[57] Dieser neue Rechtspopulismus darf nicht mit dem Rechtsextremismus von gestern verwechselt werden. Seine Deutungsangebote und sein Sound reichen bis tief in die Mitte der Gesellschaft hinein. Es sind schon lange nicht mehr die Neonazis mit ihren angsteinflößenden Springerstiefeln, sondern auch die Betriebsräte, Krankenpflegerinnen oder pensionierten Lehrer, die sich vor «Überfremdung» oder «Islamisierung» fürchten. Die Sorge, man selbst und die eigenen Kinder lebten zunehmend in einer «Abstiegsgesellschaft»,[58] führt – wie erwähnt – zu erheblichen sozialen Spannungen. Die alten Versprechen der Politik und ihre leidenschaftslosen Kommunikationsformen überzeugen nicht mehr. Schlimmstenfalls muss man sich in Krisen, so haben wir in Europa gelernt, einer technokratischen Exekutivpolitik von oben beugen oder auf lokaler, kommunaler Ebene und durch zivilgesellschaftliches, ehrenamtliches Engagement auffangen, was irgendwo beschlossen wurde.

Dass Kommunen dann an ihre Belastungsgrenzen stoßen können, wollte unlängst der streitbare Tübinger Oberbürgermeister Boris Palmer unterstreichen und bediente damit die lange unterschätzte schwarzgrüne Klientel.[59]

Es ist für die ganze gesellschaftliche Debatte bezeichnend, wenn die Essener Tafel die Versäumnisse des Sozialstaats so gerade noch kompensieren kann, indem sie zwischen bedürftigen Deutschen und Ausländern unterscheidet, daraufhin für ihre «Nazi-Praktiken» angegriffen wird, aber das zugrundeliegende Problem einer Konkurrenz zwischen Armen nur von wenigen ausgesprochen wird.[60] Fatal sind Verwerfungen auf städtischen Wohnungsmärkten, wenn die Knappheit des Wohnraums nicht nur zu Mietpreisexplosionen, sondern auch zu Verteilungskämpfen und Verdrängungsprozessen in urbanen Räumen führt. Junge Familien und Sozialhilfeempfänger sehen sich mit Asylsuchenden und Migranten in einem Kampf um bezahlbaren Wohnraum. Geringqualifizierte konkurrieren im Niedriglohnsektor um Jobs. In solchen Konstellationen gedeihen Ungleichheitsideologien, Ressentiments und Wohlfahrtschauvinismus. Doch auch besserverdienende Akademiker und Hipster-Eltern versuchen ihre Kinder aus Sorge um deren Sprachkompetenzen und Berufschancen in milieuhomogenen Kindertagesstätten und Schulen unterzubringen. Damit offenbaren sie einen gesellschaftlich ebenso brisanten Milieuchauvinismus. In allen Nischen und Schichten der Gesellschaft bricht sich also mit aller Macht die Diskussion um legitime Ansprüche und die Probleme einer Zuwanderungsgesellschaft Bahn. Nach und nach rücken wir alle mit unseren politischen Vorstellungen, unseren Vorurteilen, Ressentiments, Klischees und Stereotypen ins Blickfeld der Ideologiekritik. Es wäre von uns allen mutig, mit uns selbst ins Gericht zu gehen und über die politische Dimension des eigenen Tuns und den eigenen Anteil an der Gesamtsituation nachzudenken.

Wenn Politiker in solchen Momenten die Strukturprobleme der Gegenwart nicht in ihren Zusammenhängen erklären und selbstkritisch angehen, dann ist der populistischen Verschwörung gegen europäische Bürokraten, vor allem aber gegen Migranten und Asylsuchende wenig entgegenzusetzen.

Gegen verbale Enthemmung

Die jüngste «Mitte-Studie» zeigt, dass «klassisch rechtsextreme» Einstellungen zunehmend auf spezifische Gruppen bezogen werden. Sie richten sich heute vornehmlich gegen Asylbewerber, Muslime sowie Sinti und Roma, die im politischen Diskurs eine besonders prominente Rolle spielen.[61] Für unseren Kontext ist spannend, dass laut der Studie «[d]ie jüngsten Veränderungen im Parteiensystem […] weniger einen neuerlichen Anstieg fremdenfeindlicher und autoritärer Einstellungen in der Gesellschaft an[zeigen], vielmehr findet das seit Jahren vorhandene […] Potenzial jetzt eine politisch-ideologische Heimat.»[62] Seit Jahren wird «mit Macht die Ideologie der Ungleichwertigkeit enttabuisiert».[63] Neu sei, dass sich «antidemokratische Milieus als politische Akteure»[64] betätigen und ihre Interessendurchsetzung für legitim halten. Die Anziehungskraft einer Politik, die das unter dem Vorbehalt eines *Disclaimers* Gesagte in konkrete Taten umsetzen will, wird umso größer, je mehr die Grenzen einer stets fragilen Selbstdisziplinierung in modernen Gesellschaften auch von der vermeintlichen Mitte überschritten werden.

Um vom bloßen Wort zur Tat zu schreiten, bedarf es einer gewissen vorbereitenden Enthemmung – sowohl politisch als auch sprachlich. «Political Correctness», so Alice Weidel, gehöre «auf den Müllhaufen der Geschichte».[65] Dementsprechend ist in der sogenannten Erfurter Resolution, die auch Björn Höcke mitverfasste, zu lesen: «Zahllose unserer Mitglieder verstehen die AfD nämlich immer noch und gegen jede Verengungstendenz als grundsätzliche, patriotische und demokratische Alternative zu den etablierten Parteien, als Bewegung unseres Volkes gegen die Gesellschaftsexperimente der letzten Jahrzehnte (Gender Mainstreaming, Multikulturalismus, Erziehungsbeliebigkeit usf.), als Widerstandsbewegung gegen die weitere Aushöhlung der Souveränität und der Identität Deutschlands, als Partei, die den Mut zur Wahrheit und zum wirklich freien Wort besitzt.»[66] Der ehemalige Lehrer Höcke erklärt uns, dass man «keine Begriffstabuisierung, keine Antidiskriminierungsgesetze und keine politische Strafjustiz» brauche.[67] Was Höcke damit kurzerhand negiert: «Political correctness» bedeutet eine politisch-gesellschaftliche Sensibilität gegenüber verletzlichen («vulnerablen») Gruppen und Minderheiten und ist genau deshalb eine kulturelle Errungenschaft, die es hochzuhalten gilt.

Es ist ein zivilisatorischer Fortschritt und eine emanzipatorische Errungenschaft, die Gleichheit und Gleichrangigkeit aller, egal welcher Herkunft, welchen Geschlechts, welcher sexuellen oder religiösen Orientierung auch sprachlich abzubilden. Nur so lässt sich biologistischen, rassistischen, sexistischen sowie kulturalistischen Ressentiments beherzt entgegentreten. Politische Korrektheit heißt aber nicht, die deutsche Sprache zu verballhornen und eine Festgemeinde etwa mit den Worten «liebe Gäste und Gästinnen» zu begrüßen. Folglich müssen Politiker, Journalisten und Kulturschaffende auch damit aufhören, den durch die gesellschaftliche Modernisierung und den sprachlichen Wandel eh schon verunsicherten Bürger auf die Palme zu bringen, indem sie mit politisch sensiblen Sprechweisen Schindluder betreiben. Pseudo-Korrektheit an der falschen Stelle trägt letztlich eine Mitschuld an der Verrohung unserer Debattenkultur.

Richtig verstandene politische Korrektheit heißt hingegen,

eine Sensibilität für die Exklusions- und Diskriminierungs-
geschichte der Sprache zu schaffen. Es lässt sich heute nicht mehr
«Neger» sagen, weil dieser Begriff der rassistischen Selbstüber-
höhung des weißen Mannes gedient und den unhaltbaren Schluss
nahegelegt hat, weiße Menschen seien vernünftiger, kulturell
weiter entwickelt und schlussendlich höherrangig als schwarze
Menschen. Das Gegenargument, das Wort «Neger» lasse sich
doch aus dem Lateinischen ableiten, ist gegenüber der politischen
Instrumentalisierung von Sprache absichtlich blind. Eine derart
falsch verstandene etymologische Pedanterie suggeriert eine
sprachliche Unschuld, die es nie gegeben hat. Dieses Faktum
musste auch Bayerns Innenminister Joachim Herrmann von der
CSU anerkennen, als er 2015 in der TV-Sendung «Hart aber
Fair» lapidar dahinsagte: «Roberto Blanco war immer ein wunderbarer Neger».[68] Durch unaufhörliche Sprachkritik muss das
Bewusstsein für solche Entgleisungen wachgehalten werden.
Wenn sie sich eindeutig innerhalb der Grenzen der pluralistischen liberalen Demokratie bewegen wollen, müssen sich Politiker – und insbesondere Minister – auch durch ihre Sprache von
Rassisten wie Jens Maier (AfD) abgrenzen, in dessen Namen ein
angeblicher Mitarbeiter auf Twitter den Sohn von Boris Becker
als «Halbneger»[69] bezeichnete. Sonst verliert der politische Diskurs die für die demokratische Selbstverständigung notwendige Kraft der Skandalisierung von solchen Entgleisungen. Dann
versinkt alles in einem undifferenzierten «Shitstorm» von Empö-
rungsaktivisten.

Selbstredend gibt es bisweilen übertriebene Inszenierungen
«politischer Korrektheit», wenn etwa ein Gedicht des Lyrikers
Eugen Gomringer an der Alice-Salomon-Hochschule in Berlin
für sexistisch befunden und auf Antrag der Studierendenvertre-
tung von der Fassade abgetragen bzw. übermalt wird, weil darin
Blumen und Frauen hymnisch besungen werden.[70] Mit solchen

Maßnahmen erweist man der Kunstfreiheit einen Bärendienst. Kunst darf nicht zu einer gefälligen Selbstbespiegelung der Gesellschaft und einem überflüssigen Teil der kapitalistischen Kulturindustrie umgedeutet werden. Auch an diesem Beispiel zeigt sich: Für alle Seiten – auch für die vermeintlich richtige – ist es verhängnisvoll, kategorisch auf der eigenen Freiheit und dem eigenen Willen zu bestehen. Wer politische Kontroversen führen will, braucht ein Gespür für Ambivalenzen und muss die Strapazen der Differenzierung auf sich nehmen. Polarisierung ist hier der falsche Weg.

Ein identitätspolitischer Konflikt

Wer polarisiert, scheut vor der Pathologisierung des Anderen nicht zurück. Weil in den letzten Jahren so viel enttabuisiert, weil der Diskurs merklich nach rechts verschoben worden ist, kann der sachsen-anhaltinische Landeschef der AfD, André Poggenburg, mittlerweile sagen: «Wie krank im Geschlecht und im Geiste, wie unnatürlich verkommen ist diese rot-grüne Gefolgschaft? Deutschland schafft sich gerade selbst ab.»[71] Der Deutsche, so die biopolitisch grundierte These, verleugne durch die Bejahung einer multikulturellen und multiethnischen Gesellschaft seine eigene Natur. Nach dieser Lesart ist der Deutsche – Staatsbürgerschaft hin oder her – weiß, christlich und trägt nur Vornamen, die man nicht buchstabieren muss. Jörg Meuthen, neben seiner Bundessprecherrolle auch Spitzenkandidat der AfD in Baden-Württemberg, erkennt daher in den Straßen seiner süddeutschen Heimatstadt «nur noch vereinzelt Deutsche».[72]

Die Forderung nach einer kulturellen Segregation, die vor allem die sogenannte Identitäre Bewegung formuliert, findet überall zahlreiche Anhänger. Heute grassiert ein «Neo-Rassismus»,

der ohne den Begriff oder die Vorstellung von Rassen aus-
kommt.[73] Nicht länger werden biologische Eigenschaften wie
zum Beispiel die Hautfarbe zur Konstruktion unterschiedlicher,
homogener Gruppen verwendet, sondern Merkmale wie Reli-
gion und Kultur. Diese werden ihrerseits zu stabilen, festen, angeblich natürlichen und organisch gewachsenen Unterschei-
dungskriterien aufgebauscht, mit denen man Kulturräume und
damit Zugehörigkeiten klar abgrenzen könne. Schlussendlich
gebe es vom Wesen her unterschiedliche und nicht gleichwertige
Gruppen, so die neo-rassistische These.

Die Rede von der kulturellen Überlegenheit des Europäers,
der dank Aufklärung, Säkularisierung und allerlei Fortschritt
anderen Kulturen überlegen sei, macht weiterhin die Runde. Oft
beanspruchen gerade diejenigen die Leistungen der deutschen
Kulturnation für ihre Überlegenheitsfantasie, die in ihrem Leben
kaum je Goethe oder Schiller gelesen haben, geschweige denn
den weltanschaulich neutralen vom laizistischen Staat unterscheiden können. Die als Abgrenzungsprogramm stets nach außen gerichtete Formel einer deutschen Leitkultur, die sowohl
konservative Politiker wie Thomas de Maizière als auch einstige
SPD-Größen wie Sigmar Gabriel in den Mund nehmen,[74] zeugt
eher von einer tiefsitzenden Verunsicherung und Orientierungs-
losigkeit als von einem historisch rückversicherten Selbstbild. Offenbar entfaltet die liberale Minimalerzählung von einem «Verfassungspatriotismus»[75] nicht mehr genügend Anziehungskraft.
Der Liberalismus scheint erschöpft, wenn die Suche nach kollektiver Identitätsversicherung nun kulturell verklärt wird.

Schon Theodor W. Adorno wusste: «Das vornehme Wort Kultur tritt anstelle des verpönten Ausdrucks Rasse, bleibt aber ein
bloßes Deckbild für den brutalen Herrschaftsanspruch.»[76] Gerade weil das Konzept der «Rasse» naturwissenschaftlich längst
überholt und im deutschen Diskurs aufgrund der historischen

Erfahrung mit dem Nationalsozialismus tabuisiert ist, müssen wir uns mit den Ausweichbewegungen eines Neo-Rassismus beschäftigen, der allzu unschuldig daherkommt. Die wachsende Anschlussfähigkeit bestimmter neo-rassistischer Erzählungen und der Zuwachs rechtspopulistischer Parteien ist ja, wie gesehen, kein rein deutsches Phänomen. Neorassisten sind zudem nicht nur in der AfD oder in der Identitären Bewegung zu finden. Für viele Bürger ist der Satz des damaligen Bundespräsidenten Christian Wulff, der Islam gehöre zu Deutschland[77], bis heute eine Provokation. Für ihr Selbstbild bedeutet der Wandel von einer vermeintlich monoethnischen und monokulturellen Nation hin zu einer multiethnischen und sichtbar pluralistischen Gesellschaft eine tiefsitzende Irritation.[78] Wir haben es dabei mit dem Symptom eines neuen transnationalen Konfliktfelds zu tun, das sich im politischen Sound unserer Gegenwart widerspiegelt.

Die Politik der letzten Jahre steht vor einem kulturellen und identitätspolitischen Konflikt: Liberale, universale Werte werden gegen die Verteidigung von Nationalismus und Partikularismus in Stellung gebracht.[79] Politische Akteure, Bürger, ja ganze Gesellschaften kreisen immer mehr um die polarisierende Frage, ob man etwa Zuwanderer, Asylsuchende und Migranten in die eigene Gesellschaft einbinden oder ob man zwischen migrantischen und einheimischen Milieus trennen und Grenzen in Zukunft schließen solle. Die politische Öffentlichkeit steht zugleich vor der Frage, ob man die europäischen Mitgliedstaaten in ihren politischen Strukturen weiter integrieren müsse (Macron-Position) oder ob es demgegenüber (wieder) mehr Eigenständigkeit und nationale Souveränität brauche (Orban-Position). Es geht also immer wieder um Brücken oder Mauern, um Verbinden oder Trennen, um Integration oder Demarkation. Letztlich handelt es sich um einen Konflikt zwischen Universalismus und Partikularismus.[80]

Die deutschen Volksparteien haben dieses Konfliktfeld lange ignoriert, ja sie haben der politischen Position der Demarkation kaum ein demokratisches Forum geboten. Daher haben wir es heute mit der These zu tun, dass alle Vorschläge von Demarkation per se populistisch seien, während Liberaldemokraten stets für Integration plädierten. Damit werden aber die Möglichkeiten einer genuin konservativen Politik und Sprache verschenkt – wie auch die Ambivalenzen linker Positionen gegenüber der Integration nicht abgebildet werden. Die Achse populistisch versus demokratisch riskiert mit Blick auf dieses identitätspolitische Konfliktfeld eine problematische Entdifferenzierung. Sie spielt einer politischen Polarisierung in die Hände.

Rechtes Denken hat sich in den Augen vieler nach und nach mit bürgerlichen Positionen vermengt. Konsequenterweise behauptet Marc Jongen, ehemaliger Assistent des Philosophen Peter Sloterdijk, heute Bundestagsabgeordneter und stellvertretender Sprecher der AfD Baden-Württemberg, die Zeit des «Widerstands der bürgerlichen Mitte» habe begonnen: «Genuin liberal zu sein, heißt heute, konservativ zu sein. Zuweilen sogar reaktionär.»[81] Die politischen Kategorien, Schablonen und Ideologien von einst scheinen vor unseren Augen zu verschwimmen. Die Ideologie ist zurück, doch sprechen die neuen Ideologen anders. Der von Jongen als legitim und bürgerlich begriffene «Widerstand» scheut sich nicht vor linkem Vokabular und reklamiert etwa den Begriff der «revolutionären Klasse»[82] für sich. Linke müssen hilflos mitansehen, wie ihr politischer Sound von rechts gekapert wird. Widerstand, Revolution, der Ruf nach «mehr Demokratie» und einem Ende der Elitenkollusion, die vehemente Kritik an Lobbyismus und einem abgehobenen «Establishment» sind heute auf der anderen Seite des politischen Spektrums programmatische und identitätsstiftende Forderungen. Welche Folgen hat das für unseren politischen Diskurs, welche Konsequenzen für die demokratische Linke? Wie können politische Akteure auf diese neuen Erzählungen reagieren? Kurz und knapp mit Lenin gefragt: Was tun?

Das Geheimnis der Glaubwürdigkeit

Zum einen wäre es angesichts der Rückkehr der Ideologie hilfreich, auch wieder ideologische Markierungen wie rechts und links verwenden zu können. Zum anderen sind die floskelhaften Rufe nach «mehr Ehrlichkeit» vielleicht ein erster Schritt der Selbstreflexion politischer Akteure. Es ist schließlich besser, wenn Politiker «Vertrauen zurückgewinnen» wollen, als wenn sie mit unüberlegter Arroganz noch mehr Öl ins Feuer gießen. 2011 sickerte durch, dass der europäische Kommissionspräsident Jean-Claude Juncker im Kontext der Krisenpolitik gegenüber Griechenland nicht nur Geheimtreffen organisiert, sondern bei einer Preisverleihung in der bayerischen Landesvertretung in Brüssel auch erklärt hatte: «Wenn es ernst wird, muss man lügen.»[83] Schon Platon hatte von der «edlen Lüge» als einem legitimen Mittel der Politik gesprochen,[84] das die überlegenen Philosophen zum Wohle der Bürger in der Polis einsetzen müssten. Machiavelli empfahl bekanntlich Täuschung und List als Herrschaftsstrategie, um politische Ordnung aufrechtzuerhalten. Heute sind Politiker selten Philosophenkönige; auch ist keineswegs ausgemacht, ob Juncker und andere Politiker waschechte Machiavellisten sind. Sie sind in den Augen vieler Bürger vor allem wenig glaubwürdig.

Der bayerische Ministerpräsident Markus Söder hat nach dem ernüchternden Bundestagswahlergebnis von 2017 und der komplizierten anschließenden Regierungsbildung gefordert, man müsse «die demokratischen Wähler rechts von der Mitte» zurückgewinnen. Seine Strategie nannte er «nicht Rechtsruck», sondern nur «Rückkehr zu alter Glaubwürdigkeit».[85] Bedeutet Glaubwürdigkeit also eine politische Neuvermessung des Konservatismus auf der einen, einer linken und sozialdemokratischen Politik auf der anderen Seite? Wie soll das in einer Zombie-GroKo funktionieren, wenn die «chloroformierende»[86] Regierung aus Union und SPD als ein vom Wahlvolk abgestrafter Wiedergänger das Gefühl von bleierner Stagnation vermittelt, obwohl der wirtschaftliche Erfolg und die politische Stabilität der Bundesrepublik im Vergleich zu anderen Ländern im Moment kaum bestritten werden können? Die CSU hat sich im Jahr der bayerischen Landtagswahl für Krawall und Zoff entschieden, um das von Söder im Juni 2018 ausgerufene «Endspiel um die Glaubwürdigkeit» zu gewinnen.

In den kommenden Jahren stellt sich die richtungsweisende Frage, ob man verlorene Wähler durch die Wiederbeschwörung von «Heimat» zurückholen kann, ob man sie dadurch in «ihren Sorgen und Ängsten ernst nehmen» oder «sie abholen» kann, indem man ihnen die Dinge einfach «besser erklärt». Bisher glauben viele Politiker, dass Abwahl beziehungsweise Stimmverluste ihrer Parteien auf Misstrauen und Missverständnisse zurückzuführen sind. Der Bürger fühle sich nicht ernst genommen. Weil ihm nichts erklärt und er nirgends abgeholt werde, bleibt er unaufgeklärt und desinformiert zurück und wählt nachher die Falschen.

Die Vertreter der «etablierten» Parteien wie der eingangs zitierte Bundespräsident Steinmeier scheinen das Glaubwürdigkeitsproblem der Politik zwar aufzugreifen, doch beobachten wir eine seltsame Entwicklung: Für die Anhänger tricksender Politiker und Populisten sind nicht die Radikalität politischer Lügen oder sittlich-moralische Verfehlungen des politischen Personals anstößig, sondern allein die Wortbrüche des «Establishments».

4. «Mut zur Wahrheit»

Mal sagt die Kanzlerin, mit ihr werde es keine Maut geben, mal sagt der Kanzlerkandidat Schulz, er führe die SPD in die Opposition und werde in kein Kabinett unter Merkel eintreten.[87] Hinterher hat das alles keine Bedeutung mehr. Gilt das Personal der etablierten Parteien vielen als unglaubwürdig, wirken ausgerechnet die Pöbler vom Dienst ehrlich, da sie sich keiner politischen Disziplin und demokratischen Affektkontrolle unterwerfen. Durch gebetsmühlenartige Wiederholung werden ihre «perceptions» sukzessive zur gesellschaftlichen «reality», so der Berliner AfD-Spitzenkandidat Georg Pazderski, Oberst im Ruhestand, auf die Frage, warum sich seine Partei ständig auf die Straftäter unter Zuwanderern kapriziere und die gefühlte Unsicherheit im Land damit noch verstärke. Gefühlte Wahrheiten drohen im Gegensatz zu politischer Kärrnerarbeit, Kompromissfähigkeit und Anpassungsfähigkeit zur harten politischen Währung zu werden. Sollten also auch die Politiker des «Establishments» mehr Lügen und noch mehr Gefühle wagen? Wäre das heute die richtige Antwort auf die Preisfrage der Preußischen Akademie von 1780, nämlich ob es dem Volke nütze, betrogen zu werden?

Demokratische Politik steckt mittlerweile in der Bredouille. Sie ist konstitutiv auf Öffentlichkeit angewiesen – politische Entscheidungen sind begründungspflichtig. Dabei müssen Politiker nicht nur erklären, Verantwortung übernehmen, sondern sich auch «responsiv» zeigen, also auf die Interessen und Bedürfnisse der Bürger eingehen.[88] Sie und ihre Mitarbeiter müssen mit Wählern reden, Standpunkte verdeutlichen und einander gegenüberstellen, ja den politischen Wettbewerb sichtbar machen. Die politische Debatte muss Pluralismus nicht nur abbilden, ihre Akteure müssen diesen auch annehmen. In einer demokratischen Kultur erlangen politische Akteure keine Autorität durch die autoritative Durchsetzung ihres eigenen, vermeintlich immer «richtigen» Standpunktes, sondern indem sie ihre Programme, Vorschläge und Entscheidungen kommunizieren, gerade weil es andere Möglichkeiten gibt. Erst so entsteht «Abweichungstoleranz».[89] Man muss ehrlicherweise auch die Positionen des politischen Gegners als legitime Position im politischen Spektrum anerkennen – selbstverständlich innerhalb der Toleranzgrenzen, die das Grundgesetz zu Recht vorgibt. Und man muss das politische Wagnis eingehen, kontroverse Positionen zu beziehen, aber auch im Laufe der Zeit Kurskorrekturen vorzunehmen und Fehler einzugestehen. Notfalls wird man abgewählt. Der Philosoph des absolutistischen Staates Thomas Hobbes schrieb am Ende des *Leviathan*, dass «Menschen Wahrheit nur willkommen heißen, wenn sie niemandes Vorteil oder Gefallen beeinträchtigt»[90]. Ihn gilt es Lügen zu strafen, indem die Politik uns Bürger immer wieder auch mit unbequemen Nachrichten konfrontiert. Politiker dürfen sich nicht in Wahrheitsversprechen und Sicherheitsbehauptungen ergehen, die sie anschließend permanent unterlaufen. Es wäre also tatsächlich ein Dienst an der Demokratie, wenn sich Politiker künftig in dieser Hinsicht «ehrlich machen».

Schluss
Die Dissonanzen unserer Zeit

Nichts ist so riskant für den weiteren Gesprächsverlauf wie die Frage nach meinem Beruf. Politikwissenschaftlerin. Wenn man Glück hat, gibt einem das Gegenüber genügend Zeit für die Klarstellung, dass Politikwissenschaftler nicht zwingend Politiker sind oder werden wollen. Aber spätestens danach entpuppt sich die Vorsilbe «Politik» als gefährlicher Trigger, der enthemmte Volten gegen «die da oben», leidenschaftliche Vorträge darüber, was Politiker eigentlich alles tun müssten, oder das entwaffnende Bekenntnis totaler Indifferenz nach sich zieht. Und immer wieder wird man als Politikwissenschaftlerin von Freunden, Verwandten, aber auch von Zufallsbekanntschaften in Cafés, Kneipen und auf Zugfahrten gefragt, wen man denn überhaupt noch wählen könne, ja ob man nicht vielleicht ein paar knappe Hinweise zur Orientierung geben wolle. Werden Orthopäden ständig um medizinische Ad-hoc-Diagnosen und Juristen um spontane Rechtsberatung gebeten, so schlüpfen wir Politikwissenschaftler für manch frustrierten oder politisch desillusionierten Bürger in die Rolle des Therapeuten, der in unverdächtigen Alltagssituationen mit der ganzen Palette staatsbürgerlicher Neurosen – angefangen bei aggressivem Desinteresse bis hin zu offenem Politikerhass – konfrontiert wird.

Einen solchen Therapeuten scheinen in den letzten Jahren sowohl libertäre Minimalstaatsverfechter als auch sozialdemokratische Umverteilungsfreunde zu brauchen. Die einen jammern weiterhin, der Wohlfahrtsstaat sei paternalistisch und lade zu staatlich alimentiertem Nichtstun ein, ja der Steuerstaat sei eigentlich nichts anderes als eine illegitime Kleptokratie. Die anderen werfen «der Politik» vor, zu wenig gegen die Verwerfungen globalisierter Märkte zu tun[1], und fordern «den Staat» dazu auf, mit so etwas wie einer echten Politik sozialer Gerechtigkeit endlich loszulegen, von einer vernünftigen Umweltpolitik ganz zu schweigen. Alle wirken dauerunzufrieden, aber nur die wenigsten engagieren sich in einer Partei, weil man dabei zu viel Zeit verlieren würde, die im spätmodernen Spagat zwischen Arbeit, Familie und Freizeit auf der Strecke bleibt. Bei vielen sind die klassischen Formen politischer Partizipation deshalb auch alltagkompatibleren, individualistischen Lebensstilen des «Engagements» gewichen: Urbane Akademikerfreunde kaufen Bio und konsumieren für das bessere Gewissen *fair trade*-Produkte, unterzeichnen online eine Petition, engagieren sich ehrenamtlich in der Nachbarschaftshilfe und spenden ab und zu ein bisschen Geld für einen guten Zweck. Andere führen auf Facebook ihre Privatfehden gegen verhasste Politiker und glauben, sie wüssten alles besser. Aber in eine Partei eintreten, um für das große Ganze zu kämpfen?

Parteien gelten als Schmuddelkinder der parlamentarischen Demokratie, mehr notwendiges Übel als Ermöglichungsbedingung der politischen Willensbildung; mit ihren vermeintlich starren Strukturen gelten sie als Organisationen von vorvorgestern. Zu ihrem schlechten Ruf trägt bei, dass Parteien – sobald sie mal als Koalitionspartner an der Regierung beteiligt sind – ständig verhandeln, Abstriche machen, Ideale verraten und Kompromisse schließen müssen. Wir Wähler sind aber auch widersprüchliche, ja geradezu launische Wesen. Kompromissbildung und zu viel politische Harmonie kommen uns faul vor. Dann reden wir von der Ununterscheidbarkeit der Parteien. Wir verlangen Prinzipientreue und Standfestigkeit, wenden uns aber genervt von der Politik ab, wenn Parteien in einer Regierung ihr Profil zu schärfen versuchen, indem sie bestimmte politische Entscheidungen blockieren. Genauso halten wir Wähler es nicht aus, wenn sich Koalitionspartner offen streiten und sich gegenseitig als «Gurkentruppe»[2] diffamieren.

Den Politikverdrossenen und Parteienkritikern unter uns lieferte die verfahrene Situation nach der Bundestagswahl 2017 neue Munition. Die Liberalen wollten lieber gar nicht als «falsch» regieren und offenbarten mit dieser Verweigerungshaltung ihre eklatante Unfähigkeit, auf der Klaviatur der parlamentarischen Demokratie zu spielen. Anfang 2018 kam es nach langwierigen Verhandlungen zur Neuauflage der «GroKo». Vielen dauerte diese Regierungsbildung zu lange. Die einen beschwerten sich über zu viel politische Kraftmeierei und Kontroverse, die anderen über die programmatische Annäherung zwischen den beiden «Volksparteien» und die Verwässerung ihrer Profile. Alle Beteiligten hatten ein Glaubwürdigkeitsproblem – am meisten sicher die Sozialdemokraten, die unmittelbar nach der Wahl angekündigt hatten, in die Opposition zu gehen. Aber auch die Politiker der anderen Parteien steckten in einer Zwickmühle, weil sie zwischen der Inszenierung von kompromissloser Prinzipientreue und profilschädigendem Pragmatismus lavierten. Man musste sich zusammenraufen und doch die eigene Wählerklientel bedienen.

Als es etwa um das symbolträchtige Thema des Familiennachzugs für Geflüchtete mit subsidiärem Schutz ging, das heißt für Personen mit einem Aufenthaltsrecht auf Zeit, zeigte sich das ganze kommunikationspolitische Dilemma: Nachdem die CSU im Februar 2018 die Festlegung einer «Obergrenze» für den Familiennachzug verkündete, folgte postwendend das Dementi der SPD. Die Sozialdemokraten werteten das temporäre Ziel von «1000 plus» zwar auch als Erfolg, betonten aber gleichzeitig, dass

Familiennachzug ein Menschenrecht sei – und damit eigentlich nicht quantifizierbar. Die Verhandlungspartner brüskierten sich gegenseitig, indem sie Kompromisse im Kampf um die Diskurshoheit stets als eigenen Erfolg verkauften. So verloren am Ende alle.

Dass auch unmittelbar nach den komplizierten Koalitionsgesprächen weiter Wahlkampfmodus herrscht, weil im Herbst 2018 in Bayern gewählt wird, macht die Sache nicht leichter. Die CSU meint «die rechte Flanke schließen» zu müssen und fühlt sich daher zu zünftigen politischen Querschüssen animiert. Beispielsweise gehört der Islam laut Horst Seehofer nun doch wieder nicht zu Deutschland. Selbst hochrangige Politiker der Schwesterpartei wie die Bundeskanzlerin oder der Bundestagspräsident haben offen widersprochen. Abgesehen von diesem speziellen Fall handelt es sich um ein strukturelles Problem: Auch wenn man auf Bundesebene gemeinsam regiert, kann auf Landesebene weiter gegen die Beschlüsse der Bundesregierung agitiert werden. Dort Koalitionäre, hier politische Gegner. Kaum haben Politiker einen Kompromiss geschlossen, wird dieser von den beteiligten Akteuren wieder öffentlich kritisiert. Demokratische Politik steht hierzulande systembedingt immer wieder vor dem Problem *dissonanter Herrschaft*.

Die Regierten verlangen in einer Demokratie zu Recht nach politischer Orientierung. Politische Entscheidungen müssen zurechenbar, die politische Kommunikation muss seriös bleiben: Welche Partei, welcher Politiker steht für welche Position und warum? Was würde die Opposition anders machen? Wer hat was entschieden?

Politik ist sicher nicht für die Steuerung der ganzen Gesellschaft zuständig. Der Einzelne darf sich in einer liberalen Demokratie durchaus von der Politik fernhalten oder sich abwenden. Die Demokratie hat kein politisches Problem mit Desinteresse,

Nichtwahl oder stillem Verdruss. Wenn aber ganze Wählermilieus politisch vergessen und im Parlament nicht mehr abgebildet werden, hat die Demokratie ein normatives Problem. Mehrere Studien haben gezeigt, dass sich Politiker im Zweifelsfall immer an den Befindlichkeiten derjenigen Gruppen orientieren, die mit großer Wahrscheinlichkeit zur nächsten Wahl gehen werden.[3] Desinteresse kann dann in Verdruss, in Frustration und Wut umschlagen, weil «die da oben» nichts mehr für einen tun. Verbindet sich dieser Eindruck, von den Politikern ungleich behandelt zu werden, mit materieller und sozialer Armut oder mit einem allgemeinen Verlustgefühl, also einer gefühlten oder relativen sozialen, wirtschaftlichen und kulturellen Deprivation, dann bekommen Protestparteien am Rande des Parteienspektrums Aufwind und werden zum politischen Denkzettel. Dann ist es oft zu spät, wenn die Vertreter der etablierten Parteien reflexhaft Schadensbegrenzung betreiben wollen, indem sie versprechen, die «Sorgen der Bürger» ernst zu nehmen, und signalisieren, sie «hätten verstanden», ohne dass diesen Floskeln Taten folgen. Weil sich die heutigen Politiker vor den Problemen und Sorgen der Bürger zunehmend fürchten, flüchten sie sich in therapeutische Phrasen, wollen Menschen wieder «abholen». Aber wohin wollen sie uns bringen, und wo sollen wir warten?

Verwirrung im Zeitalter eines unglaubwürdigen Neoliberalismus

Es stellt sich die Frage, wie man heute einen politischen Standpunkt vehement vertreten und politische Kritik üben kann, wo so vieles in Bewegung geraten ist und ideologische Fronten immer unklarer scheinen. Nehmen wir das Beispiel der Demokratisierung: Vor wenigen Jahren waren es nur linke Radikaldemokraten, die nach mehr Demokratie und einer Politisierung der bestehenden Verhältnisse riefen. Heute erschallen solche Forderungen aus der rechten Ecke. Einst leitete ein sozialistischer Jurist wie Wolfgang Abendroth aus dem Grundgesetz die Aufgabe ab, auch vermeintlich «vorpolitische» Sphären wie beispielsweise Bildungseinrichtungen zu demokratisieren und lieferte Willy Brandt damit das Stichwort für dessen Regierungsprogramm. Konservative Staatsrechtler und Denker wie Ernst Forsthoff sahen in einem derart expansiven Demokratieverständnis eine Fehlinterpretation der Verfassung und einen Aufruf zur programmatischen Selbstüberforderung des Staats.[4] Und heute? Heute ruft die AfD nach «mehr Demokratie» und mehr Beteiligung des «Volkes» – politisiert wird heute von Rechts. Die Gesellschaft von heute ist so polarisiert und politisiert wie selten zuvor, harmlose Kneipengespräche über Politik können schnell eskalieren. Nun reiben sich selbst manche linke Radikaldemokraten die Augen. Manche wünschen sich wahrscheinlich, die Wähler der neuen Rechten wären doch lieber apathische Nichtwähler geblieben.

Nehmen wir das Beispiel der Gleichstellung der Geschlechter: Es ist nahezu unmöglich, in einer liberalen Gesellschaft Lebensentwürfe zu kritisieren und zu beeinflussen, ohne sich paternalistisch in die Angelegenheiten anderer einzumischen. Ist es eine private Entscheidung, ob eine bestens ausgebildete Frau arbeitet oder nicht, ob sie mehr Aufgaben im Haushalt übernimmt? Immer noch ist die Retraditionalisierungsfalle nach Geburt des ersten Kindes frappierend: Die meisten Paare fallen in längst überholt geglaubte Muster zurück; ganz überwiegend sind es Frauen, die in Teilzeitarbeit zurückkehren. Vermeintlich linke Feministinnen sind dann schnell zur Stelle, wenn es um die Anprangerung solcher Verhaltensmuster geht. Auf der anderen Seite kann aber auch die gesellschaftlich forcierte Überidentifikation mit dem

Erwerbsleben und dem eigenen Job bedenkliche Ausmaße annehmen. Familien brauchen Freiräume von der rationalisierten Taktung der Berufswelt. Nicht zufällig wird in den kritischen Sozialwissenschaften immer wieder auf die Verstrickung der Frauenbewegung in den Neoliberalismus, auf eine Komplizenschaft von Emanzipationserzählung und kapitalistischer Wettbewerbslogik hingewiesen. Die viel beschworene Vereinbarkeit von Familie und Beruf bedeutet für viele Familien in der Realität Lebensqualitätseinbußen und Strapazen, welche die – westdeutsche – Elterngeneration mit ihrem Ein-Ernährer-Modell nicht kannte. Doch es gilt der Leitspruch: «ein Mann ist keine Altersvorsorge».[5] Frauen können sich heute nicht mehr auf den Partner verlassen, wenn es um ihre eigene finanzielle Absicherung geht. Wie klingt hier also nun eine progressive, feministische politische Sprache?

Nehmen wir das Beispiel von Migration und Flucht. Weist man zu Recht auf die strukturellen Gründe für Flucht und Migration hin, so kann das wie eine Verschiebung von Verantwortlichkeit wirken, frei nach dem Motto: Erst muss sich die Weltlage ändern, dann können wir die Fluchtursachen angehen. Manche ziehen daraus den Schluss, das reiche Europa müsse sich notgedrungen abschotten. Die eklatanten Wohlstandsgefälle zwischen Nord und Süd, die Krisen und Konflikte in zahlreichen Weltregionen haben zu einer massiven Zunahme von Migration und Flucht geführt. Doch global betrachtet werden die meisten Flüchtlinge von Ländern wie dem Libanon oder Uganda aufgenommen. Im reichen Deutschland hingegen kommen nur wenige an. Wie können und sollen Politiker in der Flüchtlingsfrage sprechen? Es gibt eine Spannung zwischen der Schieflage der Welt, in deren Folge Migration weltweit weiter zunehmen wird, und unserer Debatte über die Wünschbarkeit einer Willkommenskultur, über die Frage von Abgrenzung oder Offenheit.

Funktionierende Wohlfahrtsstaaten wie die Bundesrepublik haben mitunter ein rigides Asylrecht, weil mit dem Aufenthaltsstatus wesentliche soziale Rechte und Leistungsansprüche einhergehen. Schlanke Sozialstaaten, die nur notdürftig soziale Sicherung bereitstellen, können permissivere, also offene Migrationsregime befürworten. Wird man bei Sozialleistungen bald differenzieren, was nichts anderes heißt als zu diskriminieren?

Wie das Beispiel Sahra Wagenknechts verdeutlicht, machen mittlerweile auch linke Politiker von ihrem zweifelhaften «Recht auf Migrationsskepsis»[6] Gebrauch. Der Grat zwischen Kritik und Ressentiment ist schmal. Auch Linke stehen vor der unangenehmen Frage, ob die Zuwanderung von Menschen, die für den deutschen Arbeitsmarkt zunächst schlecht aufgestellt sind, zu einer Verschärfung des Kampfes um Arbeitsplätze im Niedriglohnbereich führt. Ungeachtet der linken Idee internationaler Solidarität könnte sich die Prekarisierung der Arbeitsverhältnisse durch ein Überangebot unqualifizierter Arbeitskräfte auf dem europäischen Arbeitsmarkt weiter verschärfen. Der Nährboden für Ressentiments ist vielschichtig – Arbeiter, Betriebsräte und Gewerkschafter wählen heute immer häufiger rechts. Bessergebildete und -verdienende können unbeschwerter kosmopolitisch und linksliberal sein – aber sind es in der Regel nur so lange, bis in der eigenen Nachbarschaft eine Flüchtlingsunterkunft errichtet wird. Die einen pflegen ihren Wohlstandschauvinismus und wollen nicht teilen, die anderen hegen einen Sozialstaatserhaltungsprotektionismus und wollen nicht weiter verlieren. Was ist also heute links, was solidarisch, was christdemokratisch?

Nehmen wir das Beispiel des demographischen Wandels beziehungsweise der alternden Gesellschaft. Wie können heutige Politiker über die Kosten und Herausforderungen des demographischen Wandels sprechen, ohne die Ansprüche von Senioren kurzerhand als finanziellen Ballast zu *framen*? Die heutige Rentenpolitik geht zu Lasten von uns Jungen. Auch wir wollen keine Altersarmut und kritisieren doch die kapitalistische Logik hinter einer Privatisierung der Altersvorsorge. Welche Folgen hat es für uns junge Wähler, wenn Senioren irgendwann die dominante Wählerklientel sind und der kosmopolitischen Jugend ihre europäische Zukunft verbauen, wie etwa beim Referendum über den Brexit? Heute sind die Babyboomer in der Überzahl. Auch sie tragen in Gestalt einer besorgten Mittelschicht zum Aufstieg eines Rechtspopulismus bei, bei dem es sich eben nicht nur um einen Aufstand prekärer, abgehängter Schichten handelt, sondern mindestens gleichwertig um einen «Aufstand der Etablierten»[7]. Ihre Statussorgen hätten die wirklich Abgehängten und Armen – und auch manche jungen Wähler – auch gerne.

Nehmen wir das Problem der ungleichen Handelsbilanzen in der Welt und in der EU – also das Problem des deutschen Exportüberschusses. Welchen Standpunkt soll man eigentlich zum deutschen Boom haben? Einerseits muss man sich ja über die hohe Beschäftigungsquote und die gute Konjunkturlage freuen; andererseits beruht die Wettbewerbsfähigkeit der deutschen Wirtschaft aber auf Lohnzurückhaltung, (begrenzter) ausländischer Nachfrage und einer alles andere als nachhaltigen Wachstumspolitik. Die Deutschen leben im Moment womöglich unter ihren Verhältnissen, während andernorts Politik auf Pump zu Lasten der zukünftigen Generationen betrieben wird. Die internationale Kritik am deutschen Überschussmodell wird hierzulande als Neiddebatte oder als falscher Protektionismus abgetan. Doch es sollte uns zu denken geben, wenn sowohl europäische Partner, der Internationale Währungsfonds als auch Donald Trump immer wieder Hand an den Pokal des Exportweltmeisters legen wollen. Ist es nun vernünftig, gerecht oder kurzsichtig, auf der «schwarzen Null» zu beharren?

Die Liste der Beispiele ließe sich endlos fortsetzen. Politiker stehen in mannigfacher Hinsicht vor schwierigen Entscheidungen. Wir dürfen uns daher nicht einfach über sie erheben und immer alles besser wissen, ohne uns selbst politisch engagieren zu wollen. Zugleich werfen die genannten Beispiele aber auch die Frage auf, wie man heute noch einen bestimmten politischen Standpunkt vertreten und kohärent formulieren kann. Die politisch-weltanschaulichen Lager sind undurchdringlicher denn je. Uns fehlt eine klare politische Sprache. Wie lässt sich mit Ambivalenzen umgehen, wie auf den stetigen Bedarf an Differenzierung reagieren, um sich nicht dem Vorwurf auszusetzen, man kapituliere vor der Komplexität moderner Gesellschaften und propagiere billige Patentrezepte? Wie gehen wir Verfechter einer offenen, gerechten Gesellschaft mit unseren eigenen Selbstzweifeln um, wie mit den Rückschlägen und Problemen unserer pluralistischen, modernen und heterogenen Gesellschaft, ohne uns von populistischen Marktschreiern mit ihren scheinbaren Selbstgewissheiten und Lösungsfantasien in die Defensive drängen zu lassen?

Ein liberaler und demokratischer Sound

Zahllose Probleme prägen unsere Gegenwart und sorgen für eine allgemeine «gesellschaftliche Gereiztheit».[8] Die Zukunft scheint nicht offen, sondern mit Unsicherheiten und Unwägbarkeiten verbaut. Gerade weil die heutigen Politiker keine offensiven Angebote machen, wie man diesen Herausforderungen und Mammutaufgaben begegnen könnte, kommt es immer öfter zu kommunikativen Dissonanzen: Dann wird ein Bruch zwischen den öffentlich vorgetragenen Zielen eines Politikers und seinen tatsächlichen Handlungen, Taktiken und Entscheidungen sichtbar.[9] Mitunter werden dabei Lösungen versprochen, von denen schon der Wähler weiß, dass sie unrealistisch sind.

Auf der einen Seite hören wir noch immer den alten Sound derjenigen, die uns die Welt mit den schal gewordenen Begriffen, Kategorien und Schablonen der Vergangenheit erklären wollen. Da versprechen deutsche Politiker wie der glücklose SPD-Kanzlerkandidat Martin Schulz ihren nervösen Bürgern gesamteuropäische Lösungen, während die Wähler doch längst wissen, dass es mit der europäischen Solidarität nicht weit her ist. Andere wie Angela Merkel vermeiden allzu deutliche Positionen und verwischen programmatische Konturen, um sich Gestaltungs- und Interpretationsspielräume offenzuhalten, und lassen ihre Wähler im (Halb-)Dunkeln über ihre politischen Motive und Ziele. Einige Politiker scheinen selbst keinen Plan, keinen Kompass für die politische Gestaltung der Zukunft zu haben. Aber kann man ihnen angesichts der schwierigen Weltlage daraus überhaupt einen Vorwurf stricken? Der Ökonom Joseph Schumpeter hat einst sarkastisch formuliert: «So kann in einer Demokratie der Ministerpräsident mit einem Reiter verglichen werden, der durch den Versuch, sich im Sattel zu halten, so völlig in Anspruch genommen wird, daß er keinen Plan für seinen Ritt aufstellen kann [...].» [10]

Was der alte Schumpeter noch demokratiekritisch meinte, lässt sich am Ende positiv wenden: In der modernen, liberaldemokratischen Gesellschaft verfängt glücklicherweise nur noch bei wenigen Bürgern die Geschichte vom heroischen Reiter, der seinem Volk weise vorausreitet. Wir kritischen Bürger sind gegenüber autoritären Ansagen, Kompetenzanmaßungen und Allzuständigkeitserklärungen misstrauisch geworden und wollen an Entscheidungen teilhaben – oder zumindest die Entscheidungsgrundlagen kennen. Um Populisten und autoritären Nationalisten mit ihren einfachen Rezepten und althergebrachten Führungsfantasien etwas entgegenzusetzen, müssen wir aus der vermeintlichen (Führungs-)Schwäche demokratischer Politik eine Tugend machen und einen neuen Sound der Macht kultivieren. Einen Sound, der sich nicht scheut, auch Ungewissheiten offen zu benennen. Im Zeitalter populistischer Anfechtungen und Anfeindungen brauchen wir mehr denn je *einen liberaldemokratischen Sound der Macht,* mit dem wählbare Alternativen formuliert, die hohe Kunst des politischen Kompromisses hervorgehoben und fatale Fantasien gesellschaftlicher Gesamtsteuerung zerstreut werden. Nie waren die offene Gesellschaft und die demokratische Ordnung gefährdeter als im Zeitalter ihrer trügerischen Selbstverständlichkeit.

Anmerkungen

Einleitung
Die Fallstricke politischer Sprache im Zeitalter des Populismus

1 Siehe nur zur Veranschaulichung, aus welch unterschiedlichen Richtungen diese Diagnose kommt: Peter Sloterdijk: Der Merkel-Faktor, in: Neue Zürcher Zeitung, 18.09.2017, online: www.nzz.ch/feuilleton/der-merkel-faktor-ld.1316870; Dirk Kurbjuweit: Alternativlos: Merkel, die Deutschen und das Ende der Politik, München 2014; Harald Welzer: Das Ende des kleineren Übels, in: Der SPIEGEL, Nr. 22, 27.05.2013, S. 122 f.; Die Qual der Wahl, in: Die Zeit, Nr. 37, 05.09.2013, S. 43 ff.; vgl. Gabor Steingart, Die Machtfrage. Ansichten eines Nichtwählers, München 2009. Vgl. aus politiktheoretischer Sicht: Chantal Mouffe: Postdemokratie und die zunehmende Entpolitisierung – Essay, in: Aus Politik und Zeitgeschichte 1–2/2011, S. 3–5.

2 Die Formulierung entstammt der berühmten Gettysburg Address, die Abraham Lincoln am 19. November 1863 hielt.

3 Vgl. Niklas Luhmann: Die Politik der Gesellschaft. Hg. von André Kieserling, Frankfurt a. M. 2002, S. 84.

4 Zitiert nach dem Grundsatzprogramm der Alternative für Deutschland; Leitantrag der Bundesprogrammkommission und des Bundesvorstandes, Vorlage zum Bundesparteitag am 30.04.2016/01.05.2016.

5 Henrik Enderlein: Das erste Opfer der Krise ist die Demokratie. Wirtschaftspolitik und ihre Legitimation in der Finanzmarktkrise 2008–2013, in: Politische Vierteljahresschrift, 54/4, 2013, S. 714–739.

6 Oliver Marchart: Liberaler Antipopulismus. Ein Ausdruck von Postpolitik, in: Aus Politik und Zeitgeschichte 44–45/2017, S. 11–16, hier S. 16.

7 Jürgen Habermas: Im Sog der Technokratie. Kleine Politische Schriften XII, Frankfurt a. M. 2013.

8 So etwa Wolfgang Schäuble im Gespräch mit Dirk-Oliver Heckmann: «Die Entscheidung ist notwendig, und sie ist richtig», Deutschlandfunk, 19.05.2010.

9 So der Titel der Theater- und Lesereise des Schriftstellers und Publizisten Navid Kermani im Jahre 2017.

10 Vgl. Daniel Stedman Jones: Masters of the Universe. Hayek, Friedman, and the Birth of Neoliberal Politics, Princeton/Oxford 2012, S. 2.

11 Wilhelm Heitmeyer: Autoritärer Kapitalismus, Demokratieentleerung und Rechtspopulismus. Eine Analyse von Entwicklungstendenzen, in: Ders./Dietmar Loch (Hg.): Schattenseiten der Globalisierung, Frankfurt a. M., S. 497–530.

12 Vgl. Wolfgang Streeck: Gekaufte Zeit. Die vertagte Krise des demokratischen Kapitalismus, Berlin 2013. Der 2015 inmitten der Griechenlandkrise berufene Chefökonom des IWF, Maurice Moses Obstfeld, versteht sich selbst am ehesten als Neo-Keynesianer. Er glaubt, dass die Wirtschaft der Eurozone davon profitieren würde, wenn Deutschland die Schulden der Südeuropäer übernähme, und man in der Eurozone neue Institutionen schaffen müsse, um europäische Integration und nationale Souveränität der Finanz- und Wirtschaftspolitik miteinander zu vereinbaren.

13 So der Titel vom *Economist* im Juli 2017.

14 Colin Crouch: Postdemokratie, Frankfurt a. M. 2008.

15 Nur drei Beispiele seien erwähnt: Der ehemalige tschechische Präsident Václav Klaus sprach bei einer Veranstaltung der AfD von der deutschen Postdemokratie; vgl. Alexandra Mostyn: Václav Klaus kuschelt mit Frauke Petry, in: taz, 21.03.2016. Kathrin Röggla, Vize-Präsidentin der Akademie der Künste in Berlin, hofft auf eine Revitalisierung der *postdemokratisch* erstarrten Demokratie, vgl. o. A.: «Berlins Kulturschaffende zum Wahlausgang», in: Der Tagesspiegel, 18.09.2016. In einem Gastbeitrag konstatieren zudem ein Grundsatzreferent und der Geschäftsführer der SPD-Landtagsfraktion Rheinland-Pfalz: «Merkel hat [...] eine postdemokratische Attitüde zu ihrem Programm gemacht, gegen die tatsächlich nur noch ein Bruch mit dieser Logik helfen kann.» Nils Heisterhagen/Fedor Ruhose: Mehr Konsens wagen, in: Die Zeit, 05.06.2016.

16 Matthias Hansl: Lüge, Bluff und Co., in: Kursbuch 189: Lauter Lügen, Hamburg 2017, S. 11.

17 Vgl. zum Beispiel: Bayerischer Rundfunk: Kampfansage nach Bundestagswahl, 24.09.2017, online: https://www.br.de/bundestagswahl/afd-politiker-gauland-ueber-merkel-wir-werden-sie-jagen-100.html.

18 Für einen Forschungsüberblick vgl. Karen Priester: Definitionen und Typologien des Populismus, in: Soziale Welt 62, 2011, S. 185–198.

19 2016 machte etwa die «Generation what?»-Studie Schlagzeilen, die jungen Bürgern ein problematisches Desinteresse und mangelndes Vertrauen in politische Institutionen attestierte. Vgl. Tobias Bönte/Ernst Eisenbichler: Politikverdrossen, kirchenmüde, medienkritisch, BR.de, online: https://www.br.de/nachrichten/generation-what-kein-vertrauen-institutionen-100.html.

20 Vgl. dazu die Ergebnisse der Mannheimer Forschungsgruppe Wahlen, die

als Politbarometer im ZDF veröffentlicht werden; online: http://www.
forschungsgruppe.de/Aktuelles/Politbarometer/.

21 Siehe hierzu nur die Berichterstattung vor und nach dem TV-Duell im
September 2017 und die TV-Talkshow Anne Will am Wahlabend.

22 So Schulz bei Wahlkampfveranstaltungen und in Interviews im Januar
und März 2017.

23 So prominent Herfried Münkler im Gespräch mit Susanne Führer im
Deutschlandfunk: «Große Teile des Volkes sind dumm», Deutschlandfunk, 19.11.2016.

1. «There is no alternative»
Die lange Geschichte einer fatalen Floskel

1 Margaret Thatcher: A Life in Quotes. Key comments from Britain's first
female prime minister, in: The Guardian, 08.04.2013, online: www.the-
guardian.com/politics/2013/apr/08/margaret-thatcher-quotes.

2 Vgl. Peter Kerr: Postwar British Politics. From Conflict to Consensus,
London 2001.

3 Vgl. Colin Hay: The Winter of Discontent. Thirty Years On, in: The Political Quarterly, 80/4, 2009, S. 545–552.

4 Arbeit sei die Vorbedingung von Würde, so das Argument. Vgl. dazu Mar-
garet Thatcher: Speech at Conservative Party Conference, 16.10.1981,
MTFW 104717. Im digitalen Archiv auf der Webseite der Margaret
Thatcher Foundation erhalten alle Reden einen Archiv-Code. Gibt man
diesen in die dortige Suchmaske ein oder vervollständigt man damit die
URL www.margaretthatcher.org/document/, erscheint die zitierte Rede.
Daher wird im Folgenden auf den jeweiligen Code verwiesen.

5 Vgl. auch Elisabeth Wehling: Politisches Framing. Wie eine Nation sich
ihr Denken einredet – und daraus Politik macht, Bonn 2017.

6 Zum Begriff der «enterprise-society» siehe das bis heute einschlägige Werk
von Andrew Gamble: The Free Economy and the Strong State. The Politics of Thatcherism, Basingstoke u. a. 1988.

7 Alle Übersetzungen der Zitate erfolgten durch die Autorin. Im Original
sagte Thatcher: «Economics are the method; the object is to change the
heart and soul.» So formulierte es Thatcher im TV-Interview für UPI/
ITN-Sunday Times Review of 1980, 31.12.1980, MTFW 104471.

8 Claus Offe: Die Aufgabe von staatlichen Aufgaben. Thatcherismus und
die populistische Kritik der Staatstätigkeit, in: Dieter Grimm (Hg.): Staats-
aufgaben, Baden-Baden 1994, S. 317–352, hier S. 322.

9 Margaret Thatcher: Interview für Woman's Own («No such thing as
society»), 23.09.1987, MTFW 106689.

10 «There has been too much government: there will be less». Zu lesen ist der Satz in: A better tomorrow. The conservative party programme for the next five years, in: Iain Dale (Hg.): Conservative Party election manifestos. 1900–1997, London 2000, S. 175–198, hier S. 183.

11 Vgl. Andrew Glyn: Capitalism Unleashed. Finance, Globalization, and Welfare, Oxford 2006, S. 10.

12 Vgl. Victor Keegan: Industry and Technology, in: David McKie/Chris Cook (Hg.): The Decade of Disillusion. British Politics in the Sixties, London 1972, S. 137–148, hier S. 147.

13 Dies führte vor allem zu einem massiven Investment in die nationale Stahl- und Kohleindustrie.

14 Das rekapituliert der Nachruf auf Edward Heath im Juli 2005 in The Telegraph: Sir Edward Heath, 18.07.2005, online: www.telegraph.co.uk/news/obituaries/1494246/Sir-Edward-Heath.html, letzter Zugriff am 01.10.2014.

15 So Margaret Thatcher: Speech at Conservative Party Conference, 16.10.1981, MTFW 104717. Auf Englisch sagte sie: «We in the Conservative Party know that you cannot get anything for nothing. We held to the firm foundation of principle, grounded in common sense, common belief and the common purpose of the British people – the common sense of a people who knows that it takes effort to achieve success, the common belief in personal responsibility and the values of a free society, the common purpose that is determined to win through the difficult days to the victory that comes with unity.»

16 Vgl. Margaret Thatcher, Speech to Conservative Party Conference, 11.10.1985, MTFW 106145.

17 Im Original: «People must be free to choose, if they wish, between wisdom and folly.» Margaret Thatcher: The Swinton Lecture. At the Conservative Political Centre Summer School, in: dies.: The Revival of Britain. Speeches on Home and European Affairs 1975–1988, London 1979, S. 83–95, hier S. 95.

18 So Margaret Thatcher: Press Conference for British press (Melbourne CHOGM), 07.10.1981, MTFW 104713.

19 Im englischen Original klingt das dann so: «Deep in their instincts people find what I am saying and doing right. And I know it is, because that is the way I was brought up in a small town. We knew everyone, we knew what people thought. I sort of regard myself as a very normal, ordinary person, with all the right instinctive antennae.» Margaret Thatcher in Sunday Times, 03.08.1980.

20 Claus Offe: Die Aufgabe von staatlichen Aufgaben (wie Anm. 8), S. 322.

21 Margaret Thatcher: TV Interview for LWT Weekend World, 05.06.1983, MTFW 105098.

22 Heidrun Abromeit: Staatsentwicklung in der Thatcher-Ära. Weniger

Staat – mehr Staat?, in: Roland Sturm (Hg.): Thatcherismus. Eine Bilanz nach 10 Jahren, Bochum 1990, S. 295–324, hier S. 372.

23 Margaret Thatcher: The Downing Street Years. London 1993, S. 155. Winston Churchill hielt seine Rede «This Was Their Finest Hour» am 18. Juni 1940 im House of Commons.

24 Im Original: «In the debate we had, you pulled no punches. I prefer it that way.» Margaret Thatcher: Speech to Conservative Party Conference, 11.10. 1985, MTFW 106 145.

25 Erst die Initiative der SPD, die tatsächlich persönliche Befragung der Regierung und der Kanzlerin in den Koalitionsvertrag aufzunehmen, könnte 2018 zu neuem Schwung im Bundestag führen. Noch steht zu befürchten, dass statt Schwung alte Routinen fortwirken.

26 Vgl. die Pressemitteilung von AFP/dpa: Schulz bereitet SPD auf «Langstreckenlauf» vor, auf: faz.net, 30.01.2017, online: http://www.faz.net/aktuell/politik/inland/martin-schulz-bereitet-spd-auf-langstreckenlauf-vor-14798317.html

27 Dirk Kurbjuweit: Alternativlos. Merkel, die Deutschen und das Ende der Politik, München 2014.

28 Thatcher bezeichnete Labour als eine ‹Satellitenpartei› der UDSSR und nannte ihre Politik politisch-kulturell deplatziert. Im Laufe der Zeit überarbeitete sie so das Narrativ angemessener ‹Britishness› und verortete ihre Politik inmitten des Kalten Krieges.

29 Brendan Evans: Thatcherism and British Politics 1975–1999, Stroud 1999, S. 84.

30 Im Original: «We have set a true course – a course that is right for the character of Britain, right for the people of Britain and right for the future of Britain […].» So Thatcher auf dem Parteitag 1983.

31 Im Original ist diese Formulierung berühmt: «We shall not be diverted from our course. […] You turn if you want to. The lady's not for turning.» Margaret Thatcher: Speech to Conservative Party Conference ('The lady's not for turning'), 10.10.1980, MTFW 104 431.

32 «I see Britain as having an entirely what you would call a middle-class approach.» Margaret Thatcher: TV Interview for Granada TV World in Action, 31.01.1975, MTFW 102450; Margaret Thatcher: Speech to Parliamentary Press Gallery, 26.01.1976, MTFW 103195.

33 Im Original sagte sie: «[…] Moreover, after two years in which real earnings have gone up sharply while output has actually dropped, we now have no alternative but to accept a reduction in the country's standard of living if investment and employment are to recover.» Margaret Thatcher: Speech at Lord Mayor's Banquet, 10.11.1980, MTFW 104442.

34 «Throughout most of my life, the chief complaint against politicians has been that they shrank from telling the truth, when the truth was in the least

unpleasant or controversial; [...] Early in my career, I decided that that was one mistake that I would not make. My harshest critics will perhaps agree that I have succeeded in that modest ambition. For the complaint that they have against me is the opposite one – apparently I am inclined to speak my mind, even occasionally to nag.» Margaret Thatcher: Speech to the Conservative Party Conference, 12.10.1979, MTFW 104147.

35 So Merkel 2007. Einige Beispiele für Angela Merkels Rede von «Alternativlosigkeit» listet die Zeitschrift Brandeins auf. Vgl. Brandeins, 16/7, Juli 2014, S. 27; auch online zu finden unter: www.brandeins.de/magazine/brand-eins-wirtschaftsmagazin/2014/alternativen/prolog.

36 So beispielsweise Anfang 2010 und im Februar 2012. Vgl. dpa/Reuters/afp: Schäuble hält Sparpaket für alternativlos, in: Handelsblatt, 14.02.2012, online: www.handelsblatt.com/politik/international/griechenland-hilfe-schaeuble-haelt-sparpaket-fuer-alternativlos/6206152.html.

37 Angela Merkel: Regierungserklärung der Bundeskanzlerin zu den Euro-Stabilisierungsmaßnahmen, gehalten im Deutschen Bundestag am Mittwoch, 19.05.2010, online: www.bundesregierung.de/Content/DE/Regierungserklaerung/2010/2010-05-19-merkel-erklaerung-eu-stabilisierungs-massnahmen.html.

38 Auch bei der Frage einer globalen Nachhaltigkeitspolitik argumentiert Merkel: «Wir müssen schauen, dass wir in einer zusammenhängenden Welt auch zusammenhängende Regeln bekommen, denn die globale Kooperation, auch mit globalen Institutionen, ist aus meiner Sicht alternativlos.» Angela Merkel: Rede bei der 9. Jahreskonferenz des Rates für Nachhaltige Entwicklung 2010.

39 So die Pressemitteilung von Reuters: Merkel: Hohe Neuverschuldung ist unumgänglich, 17.03.2010, online: http://de.reuters.com/article/deutschland-haushalt-merkel-20100317-idDEBEE62G00M20100317.

40 So die Pressemitteilung der dpa: Merkel: Bezahlung von Pflegekräften muss verbessert werden, 17.11.2017, online etwa zu finden auf: www.zeit.de/news/2017-09/17/bundesregierung-merkel-bezahlung-von-pflegekraeften-muss-verbessert-werden-17005002.

41 Vgl. die Meldung der Rheinischen Post: Leipzig 2003 – Leipzig 2011, online: Die 180-Grad-Drehung der CDU, online: http://www.rp-online.de/politik/deutschland/die-180-grad-drehung-der-cdu-aid-1.2587993.

42 Eine Ausnahme bildet hier Stephan Hebels Polemik: Mutter Blamage. Warum die Nation Angela Merkel und ihre Politik nicht braucht, Frankfurt a. M. 2013.

43 So Merkel auf einer Veranstaltung der Frauenzeitschrift Brigitte. Vgl. die Pressemitteilung: Merkel offen für «Ehe für alle», 26.06.2017, online: www.faz.net/aktuell/politik/bundestagswahl/bundeskanzlerin-bei-brigitte-merkel-offen-fuer-ehe-fuer-alle-15078986.html.

44 Das Zitat findet sich zum Beispiel unter sueddeutsche.de, 30.06.2017, online: http://www.sueddeutsche.de/politik/ehe-fuer-alle-das-soll-man-aendern-nur-weil-es-ein-paar-leuten-einfaellt-1.3567908-2.

45 Vgl. Jan-Werner Müller: The End of Christian Democracy. What the Movement's Decline Means for Europe, in: Foreign Affairs, 15.07.2014.

46 Alexander Kissler: Angela Merkel – Die Mikado-Kanzlerin, in: Cicero, 24.11.2016, online: www.cicero.de/innenpolitik/angela-merkel-die-mikadokanzlerin.

47 Gesine Schwan im Interview mit Tilo Jung, in: Der Freitag, 03.04.2014, online: http://www.freitag.de/autoren/tilo-jung/folge-138-gesine-schwan.

48 Ebd.

49 Ulrich Beck: Merkiavellis Macht. Das Zögern der Kanzlerin bei der Euro-Rettung, in: Der SPIEGEL 41/2012, 08.10.2012

50 So Ulrich Beck im Gespräch mit der Frankfurter Allgemeinen Zeitung: Über den Merkiavellismus, 16.01.2013, online: www.faz.net/aktuell/feuilleton/debatten/im-gespraech-soziologe-ulrich-beck-ueber-den-merkiavellismus-12027300.html.

51 Vgl. Dirk Kurbjuweit: Alternativlos. Merkel, die Deutschen und das Ende der Politik, München 2014.

52 Vgl. Jürgen Habermas: Was heißt heute Krise? Legitimationsprobleme im Spätkapitalismus, in: ders.: Zur Rekonstruktion des historischen Materialismus, Frankfurt a. M. 1976, S. 304–328.

53 Vgl. Karl-Heinz Meier-Braun: Schwarzbuch Migration. Die dunkle Seite unserer Flüchtlingspolitik, München 2018.

54 Vgl. Stephan Lessenich: Neben uns die Sintflut: Die Externalisierungsgesellschaft und ihr Preis, Berlin 2016.

55 Vgl. zum Beispiel Gerhard Schröder/ Tony Blair: Der Weg nach vorne für Europas Sozialdemokraten, 8. Juni 1999, online: http://doku.iab.de/chronik/2x/1999_02_01_21_dass.pdf.

56 Günter Bannas: Ganz gut durchgekommen. Angela Merkel wird 60, in: FAZ, 17.7.2014, online: www.faz.net/aktuell/politik/inland/angela-merkel-wird-60-ganz-gut-durchgekommen-13049265-p2.html.

57 So der Sprecher der Unwort-Jury, Horst Dieter Schlosser; vgl. Fabian Reinbold: Sprachkritik: «Alternativlos» ist das Unwort des Jahres, in: SpiegelOnline, 18.11.2011, online: http://www.spiegel.de/kultur/gesellschaft/sprachkritik-alternativlos-ist-das-unwort-des-jahres-a-740096.html.

58 So zum Beispiel im Tagesspiegel, in der Süddeutschen Zeitung, in der Frankfurter Allgemeinen Zeitung und in einer Diskussion zwischen Wolfgang Thierse und Herfried Münkler im Deutschlandfunk. Vgl. statt vieler: Heike Göbel: Merkels Verdrusswort, in: FAZ, 18.01.2011, online: www.faz.net/s/Rub4D8A76D29ABA43699D9E59C0413A582C/Doc~E-5FE18FB9D3094C689C0B0DB50EE39E47~ATpl~Ecommon~Scontent.

html; Sandra Schulz: «Eine durchaus problematische Redeweise». Wolfgang Thierse und Herfried Münkler über den Begriff «alternativlos» in der Politik. Deutschlandfunk, Interview am 26.02.2009, online: www.dradio.de/dlf/sendungen/interview_dlf/925703/.

59 So Seibert in einer Pressekonferenz im August 2011, zitiert nach Brandeins, 16/7, S. 27.

60 Wolfgang Schäuble im Gespräch mit Dirk-Oliver Heckmann: «Die Entscheidung ist notwendig, und sie ist richtig», Deutschlandfunk, 19.05.2010.

2. «Hausaufgaben machen»
Die toxischen Phrasen politischer Ökonomie

1 Vgl. die Pressemeldung afp/Reuters: Merkel und Schäuble gegen neuen Schuldenschnitt, 12.07.2013, online: www.rp-online.de/politik/deutschland/merkel-und-schaeuble-gegen-neuen-schuldenschnitt-aid-1.3532523 oder www.dw.com/de/merkel-und-sch%C3%A4uble-kein-neuer-schuldenschnitt-f%C3%BCr-athen/a-16946534.

2 So Schäuble im Gespräch mit dem SPIEGEL, vgl. «Wir wollen nicht herrschen», Der SPIEGEL, 31.10.2011, online: www.spiegel.de/spiegel/print/d-81302967.html.

3 Vgl. Angela Merkel: Interview: «Stabilität und Wettbewerbsfähigkeit für die Eurozone», 10.03.2011, online: www.bundeskanzlerin.de/Content-Archiv/DE/Archiv17/Interview/2011/03/2011-03-11-bild-merkel.html.

4 Vgl. zum Beispiel im Focus: «Krankhafte Fantasien» der Deutschen. Griechische Zeitung zeigt Kanzlerin Merkel in Nazi-Uniform, 09.02.2012, online: www.focus.de/finanzen/news/staatsverschuldung/krankhafte-fantasien-der-deutschen-griechische-zeitung-zeigt-kanzlerin-merkel-in-nazi-uniform_aid_712449.html.

5 Vgl. tagesschau.de: Kanzlerin zu Gesprächen in Griechenland. Merkel lobt – Athen tobt, 09.10.2012, online: www.tagesschau.de/wirtschaft/merkel-griechenland100.html

6 Vgl. Dirk Kurbjuweit: Alternativlos. Merkel, die Deutschen und das Ende der Politik, München 2014.

7 So formulierte es Martin Schulz auf dem Dortmunder Parteitag im Juni 2017. Vgl. zum Beispiel: Barbara Galaktionow: Schulz wirft Merkel einen «Anschlag auf die Demokratie» vor, Süddeutsche.de, 25.06.2017, online: www.sueddeutsche.de/politik/spd-parteitag-in-dortmund-schulz-wirft-merkel-einen-anschlag-auf-die-demokratie-vor-1.3559446.

8 Vgl. zur Berichterstattung der Zeit: Die Zeit, Nr. 34/20, 16.08.1974, S. 28.

9 Vgl. Vivien A. Schmidt/Cornelia Woll: The State. The Bête Noire of Neo-Liberalism or its Greatest Conquest?, in: Vivien A. Schmidt/Mark

Thatcher (Hg.): Resilient Liberalism in Europe's Political Economy, Cambridge 2013, S. 112–141, hier S. 133.

10 Vgl. zum Beispiel die Pressemitteilung im Figaro, 06.03.2010, online: www.lefigaro.fr/flash-actu/2010/03/06/01011-20100306FILWWW00552-ne-pas-laisser-tomber-la-grece-sarkozy.php.

11 So Angela Merkel in ihrer Regierungserklärung am 19. Mai 2010. Vgl. die stenografische Mitschrift des Deutschen Bundestages, online: www.bundesregierung.de/ContentArchiv/DE/Archiv17/Regierungserklaerung/2010/2010-05-19-merkel-erklaerung-eu-stabilisierungsmassnahmen.html. Vgl. auch Wolfgang Schäuble im Deutschlandfunk, «Man kann nicht auf Dauer über seine Verhältnisse leben», 16.02.2015.

12 Merkel zitiert nach Philip Faigle: Merkels Märchen vom faulen Portugiesen, in: Die Zeit, 17.06.2011, online: www.zeit.de/wirtschaft/2011-05/merkel-krisenstaaten-rente.

13 Vgl. Philipp Ther: Die neue Ordnung auf dem alten Kontinent. Eine Geschichte des neoliberalen Europa, Berlin 2014.

14 Vgl. https://de.statista.com/statistik/daten/studie/197069/umfrage/urlaubstage-und-feiertage-in-europa/.

15 Guido Westerwelle: An die deutsche Mittelschicht denkt niemand, in: Die Welt, 11.02.2010, online: www.welt.de/debatte/article6347490/An-die-deutsche-Mittelschicht-denkt-niemand.html.

16 Vgl. Arjen Boin et al.: The Politics of Crisis Management: Public Leadership Under Pressure, Cambridge 2005; Kathleen Fearn-Banks: Crisis Communications: A Case Book Approach, Mahwaw, NJ 2007; Robert R. Ulmer/Timothy Sellnow/Matthew W. Seeger: Effective Crisis Communication: Moving from Crisis to Opportunity, Thousand Oaks, CA, 2007.

17 Angela Merkel in ihrer Regierungserklärung am 19.05.2010.

18 Jörg Asmussen: Building Trust in a World of Unknown Unknowns: Central Bank Communication between Markets and Politics in the Crisis, Speech at the European Communication Summit 2012, Brüssel, 06.07.2012.

19 Enderlein: Das erste Opfer der Krise ist die Demokratie (wie Anm. 5 der Einleitung), S. 726.

20 So das Statement auf der Webseite der Bundesbank: www.bundesbank.de/Navigation/DE/Service/Glossar/Functions/glossar.html?lv2=32044-&lv3=163208.

21 So Bernd Lucke im Gespräch mit der FAZ: «Die Euro-Rettungskredite sind verloren», 30.05.2013, online: www.faz.net/aktuell/wirtschaft/eurokrise/im-gespraech-bernd-lucke-die-euro-rettungskredite-sind-verloren-12196978.html.

22 Philipp Rösler: «Keine Denkverbote mehr», Gastkommentar, in: Die Welt, 12.09.2011, online: www.welt.de/print/die_welt/debatte/article13598862/Keine-Denkverbote-mehr.html.

23 Vgl. zu dieser Skizze der Ereignisse und Reaktionen Ulrich Thielemann: Das Ende der Demokratie, in: Wirtschaftsdienst. Zeitschrift für Wirtschaftspolitik, 91/12, 2011, S. 820–823, hier S. 820. Dort finden sich auch die verwendeten Zitate.

24 So Merkel im September 2011, zitiert nach dpa: Merkel kanzelt FDP-Chef Rösler ab, in: Süddeutsche Zeitung, online: www.sueddeutsche.de/politik/debatte-um-griechenland-insolvenz-merkel-kanzelt-fdp-chef-roesler-ab-1.1142212.

25 Vgl. Amandine Crespy/Vivien A. Schmidt: The Clash of Titans/The White Knight and the Iron Lady. France, Germany and the simultaneous double game of EMU Reform, Paper, online: blogs.bu.edu/vschmidt/files/2012/06/crespy_schmidt_The-clash-of-Titans-ecsa-canada-paper.pdf

26 Angela Merkel: Rede auf dem XIX. Bankentag in Berlin, 31.03.2011, online: www.bundesregierung.de/Content/DE/Bulletin/2011/04/36-2-bankentag.html.

27 Ebd.

28 Le Monde: Selon Christine Lagarde, il n'y a «pas d'alternative à l'austérité», 02.05.2013, online: www.lemonde.fr/economie/article/2013/05/02/selonchris-tine-lagarde-il-n-y-a-pas-d-alternative-a-l-austerite_3170174_3234.html.

29 Mario Draghi: Rede auf der Global Investment Conference in London, 26.07.2012, online: www.ecb.europa.eu/press/key/date/2012/html/sp120726.en.html.

30 Streeck: Gekaufte Zeit (wie in Anm. 12 der Einleitung).

31 Habermas: Im Sog der Technokratie (wie in Anm. 7 der Einleitung).

32 Vgl. Craig Berry/Colin Hay: The Great British ‹Rebalancing› Act: The Construction and Implementation of an Economic Imperative for Exceptional Times, in: The British Journal of Politics and International Relations 18/1 2016, S. 3–25.

33 Vgl. Alexis Tsipras: «Ich meine Deutschland». Griechenlands Ministerpräsident Tsipras kritisiert die Bundesregierung: Sie zwinge in der EU anderen ihre Meinung auf. Sein Land hält er wieder für wettbewerbsfähig. In: Die ZEIT, 25.11.2017, online: www.zeit.de/politik/ausland/2017-11/alexis-tsipras-griechenland-schulden-bundesregierung.

34 Der CSU-Europapolitiker Markus Ferber im Interview: «Frankreich muss seine Krankheit selbst überwinden», in: Augsburger Allgemeine, online: http://www.augsburger-allgemeine.de/politik/Frankreich-muss-seine-Krankheit-selbst-ueberwinden-id41443406.html.

35 Vgl. Holger Steltzner: Die Hybris eines Berufseuropäers, in: FAZ, 10.12.2017.

36 Vgl. Lisbet Hooghe/Gary Marks: Cleavage theory meets Europe's crises: Lipset, Rokkan, and the transnational cleavage, in: Journal of European Public Policy, 25/1 2017, S. 109–135.

37 Ralph Bollmann/Rainer Hank: Interview mit Hans Joas: «Mich schaudert

das Tremolo in den Europa-Reden», in: FAS, 06.10.2012, online: www.faz. net/aktuell/wirtschaft/soziologe-hans-joas-mich-schaudert-das-tremolo-in-den-europa-reden-11 916 327.html? printPagedArticle=true#pageIndex_2.

38 Peter A. Hall: The Economics and Politics of the Euro Crisis, in: German Politics, 21/4, 2012, S. 355–371, hier S. 365.

39 Die Figur des Halbstarken bemühte unter anderem CSU-Politiker Hans-Peter Friedrich, aber auch die Berichterstattung griff ausgiebig auf diese Figur zurück. Vgl. Klaus-Dieter Frankenberger: Halbstarke in Athen, in: FAZ, 31.01.2015, online: www.faz.net/aktuell/politik/ausland/europa/griechenland-wirf-troika-raus-halbstark-in-athen-13401226.html.

40 So Varoufakis im November 2017, vgl. Florian Naumann: Varoufakis behauptet: Merkel und Schäuble haben gelogen – mit einem klaren Ziel, in: Merkur, 14.11.2017, online: www.merkur.de/politik/varoufakis-behauptet-merkel-und-schaeuble-haben-gelogen-um-banken-zu-retten-zr-9362517.html.

41 So titelte die BILD mehrfach.

42 So Lothar Matthäus im TV 2017. Vgl. Sportschau.de: «Wäre, wäre, Fahrradkette» – Sprüche des Jahres 2017, 28.12.2017, online: www.sportschau.de/fussball/allgemein/sport-sprueche-des-jahres-104.html.

43 Vgl. Arjen Boin/Paul t'Hart/Alan McConnell: Crisis Exploitation. Political and Policy Impacts of Framing Contests, in: Journal of European Public Policy, 16/1, 2009, S. 81–106, hier S. 87.

44 Vgl. zum Beispiel Arnold Heise: European Governance. Institutionelle Reformen nach der Krise, in: Wirtschaftsdienst. Zeitschrift für Wirtschaftspolitik, 91/9, 2011, S. 634–642, hier S. 641; Hall: The Economics and Politics of the Euro Crisis. Dagegen argumentiert der Monetarist Kenneth Rogoff in: Deutschland kann nicht alle Probleme alleine lösen, in: FAZ, 23.06.2014.

45 So von der Leyen auf der Münchener Sicherheitskonferenz im Februar 2015; vgl. Reuters: Von der Leyen bekräftigt Deutschlands Führungsbereitschaft, 06.02.2015, online: de.reuters.com/article/domesticNews/idDEKBN0LA1K820150206.

46 Harry Luck: CDU-Parteitag: Merkel im Amt bestätigt, in: Der Focus, 01.12.2008, online: www.focus.de/politik/deutschland/tid-12726/cdu-parteitag-merkel-im-amt-bestaetigt_aid_352474.html.

47 Vgl. Margaret Thatcher: TV Interview for LWT Weekend World, 05.06. 1983.

48 So Thatcher am 14. Oktober 1983, zitiert nach Jonathan Charteris-Black: Politicians and Rhetoric. The Persuasive Power of Metaphor, Basingstoke 2011, S. 36.

49 So Adam Smith 1776 in seinem Buch: Der Wohlstand der Nationen, 6. Aufl., München 1993, S. 371.

50 Vgl. zu einer Studie aus dem Jahre 2017 Christian Siedenbiedel: Eigenheim macht glücklicher, in: FAZ, 14.11.2017, online: www.faz.net/aktuell/finan-zen/meine-finanzen/mieten-und-wohnen/mieten-oder-kaufen-eigenheim-macht-gluecklicher-15290840.html.

51 Vgl. Lukas Haffert: Die Schwarze Null. Über die Schattenseiten ausgegli-chener Haushalte, Berlin 2016, S. 15.

52 Ebd., S. 22.

53 Ebd., S. 14.

54 Ebd., S. 10.

55 Ich danke Sebastian Henke für einige dieser Einsichten.

56 Vgl. Lukas Haffert: Die Schwarze Null. Über die Schattenseiten ausgegli-chener Haushalte. Berlin 2016, S. 19.

57 Der Fiskalpakt heißt korrekt: «Treaty on Stability, Coordination and Governance in the EMU». Die Einführung und Einhaltung einer konstitu-tionellen Schuldenbremse soll durch den Europäischen Gerichtshof kont-rolliert werden. Schuldenbremsen können durch höhere Risikoaufschläge auf Staatsanleihen oder niedrige Aufschläge politisch forciert werden.

58 Angela Merkel, zitiert nach: Mitschrift der Pressekonferenz der Bundes-kanzlerin Merkel nach dem informellen Treffen des Europäischen Rates in Brüssel, 30.01.2012, online: www.bundesregierung.de/ContentArchiv/DE/Archiv17/Mitschrift/Pressekonferenzen/2012/01/2012-01-30-eu-rat-b kin.html.

59 Streeck: Gekaufte Zeit (wie in Anm. 12 der Einleitung), S. 127.

60 Roland Sturm: Die Entdeckung einer Politik des Unpolitischen. Zur Insti-tutionalisierung der «List der Vernunft» in der Fiskalpolitik, in: Politische Vierteljahresschrift, 54/3, 2013, S. 403–414, hier S. 404. Sturm verweist uns auf Alasdair Roberts: The Logic of Discipline: Global Capitalism and the Architecture of Government, Oxford 2010.

61 Vgl. dazu den Klassiker: Jean Bodin: Sechs Bücher über den Staat (1576), München 1981/1986.

62 Lukas Haffert: Die Schwarze Null. Über die Schattenseiten ausgeglichener Haushalte. Berlin 2016, S. 10.

63 Ebd., S. 12.

64 Ebd., S. 20.

65 Ebd., S. 21.

66 Ebd., S. 44 f.

67 Ebd.

68 Vgl. ebd., S. 24.

69 Julia Löhr: Digitalisierung zerstört 3,4 Millionen Stellen, in: FAZ, 02.02. 2018, online: www.faz.net/aktuell/wirtschaft/diginomics/digitalisierung-wird-jeden-zehnten-die-arbeit-kosten-15428341.html.

70 Wolfgang Streeck: Gekaufte Zeit (wie in Anm. 12 der Einleitung), S. 164.

71 Vgl. Heitmeyer: Autoritärer Kapitalismus (wie in Anm. 11 der Einleitung).

72 Vgl. Jasper von Altenbockum: Marktkonforme Demokratie? Oder demo-kratiekonformer Markt?, in: FAZ, 15.04.2012, online: www.faz.net/aktuell/politik/harte-bretter/marktkonforme-demokratie-oder-demokratiekon-former-markt-11712359.html.

73 Es ist daher kein Zufall, dass zahlreiche Sympathisanten und Mitglieder vom «Bund freier Bürger – Offensive für Deutschland», der sich seinerzeit als Protest gegen die europäischen Verträge von Maastricht bildete, der AfD betraten. Vgl. ein altes Interview mit dem Politikwissenschaftler Alexander Häusler: Konrad Fischer: «Eindeutig rechtspopulistisch, aber nicht rechtsextrem», in: Die Wirtschaftswoche, 09.10.2013, online: www.wiwo.de/politik/deutschland/afd-eindeutig-rechtspopulistisch-aber-nicht-rechtsextrem/8911054-all.html.

74 So Angela Merkel im Juli 2011, zitiert nach Handelsblatt.de: «Die Banken-beteiligung ist ein Sonderfall», 22.07.2011, online: www.handelsblatt.com/politik/international/euro-sondergipfel-die-bankenbeteiligung-ist-ein-ein-maliger-sonderfall/4420640.html.

3. «Wir sind das Volk»
Die diskursive Privilegierung der Unterprivilegierten

1 So Björn Höcke auf einer Rede im Jahre 2017, vgl. Matthias Meisner/Laura Hofmann: Der totale Höcke, in: Der Tagesspiegel, 18.01.2017, online: www.tagesspiegel.de/politik/brandrede-in-dresden-der-totale-hoecke/19267154.html.

2 Vgl. zu diesen Zitaten die Kritik Heribert Prantls in der Süddeutschen Zeitung: Stephan Brandner kann und darf nicht gewählt werden, 24.01.2018, online: www.sueddeutsche.de/politik/afd-im-bundestag-stephan-brandner-kann-und-darf-nicht-gewaehlt-werden-1.3838731.

3 Vgl. Rikke Frank Jørgensen: Die privatisierte Öffentlichkeit, Wissen-schaftsblog des HIIG, 22022018, doi:10.5281/zenodo.1182900, online: www.hiig.de/blog/die-privatisierte-oeffentlichkeit/.

4 Vgl. Oliver Georgi: Hetze in AfD-Kreisverband: «Krieg gegen das wider-wärtigste System auf deutschem Boden», Faz.net, 26.09.2017, online: www.faz.net/aktuell/politik/bundestagswahl/afd-kreisverband-hetzt-auf-face-book-offen-gegen-demokratie-15218764.html.

5 So geschehen bei einer Pegida-Demonstration in Dresden im Herbst 2015.

6 Justus Bender: Was will die AfD? Eine Partei verändert Deutschland, München 2017, S. 39.

7 Vgl. das Interview mit Björn Höcke im SPIEGEL, Heft 22/2016: Populis-mus. Rechte Freunde.

8 So das Schlagwort des neurechten Vordenkers Renaud Camus: Revolte gegen den Großen Austausch. Schnellroda 2016.

9 Roger Willemsen: Das Hohe Haus: Ein Jahr im Parlament, Frankfurt a. M. 2014.

10 So Angela Merkel auf ihrer Sommerpressekonferenz in Berlin im August 2017 auf die Frage, ob sie ihren Wahlkampf nicht auch langweilig finde.

11 Vgl. Sabine Lennartz: Merkel langweilt sich im Wahlkampf nicht, in: Schwäbische Zeitung, 29.08.2017, online: www.schwaebische.de/ueberregional/politik_artikel,-merkel-langweilt-sich-im-wahlkampf-nicht-_arid,10727039.html.

12 Vgl. Yascha Mounk: Der Zerfall der Demokratie. Wie der Populismus den Rechtsstaat bedroht, München 2018.

13 So formulierte es der Philosoph Peter Sloterdijk. Vgl. zum Beispiel sein Werk: Die nehmende Hand und die gebende Seite, Frankfurt a. M. 2010.

14 Harald Welzer: Das Ende des kleineren Übels, in: Der SPIEGEL, Nr. 22, 27.05.2013, S. 122 f.

15 Harald Welzer: Wir sind die Mehrheit. Für eine Offene Gesellschaft, Frankfurt a. M. 2017.

16 Vgl. Oliver Decker/Johannes Kiess/Elmar Brähler (Hg.): Die enthemmte Mitte. Autoritäre und rechtsextreme Einstellung in Deutschland. Die Leipziger «Mitte»-Studien 2016, Gießen 2016.

17 So Jens Spahn gegenüber den Zeitungen der Funke-Mediengruppe im März 2018.

18 Das war zu hören im Interview der Kanzlerin am 14.03.2018 in der ARD-Sendung «Farbe bekennen.»

19 Jürgen Link: Diskurstheoretische Überlegungen zur neuesten Konjunktur des «Populismus»-Begriffs, in: Richard Faber/Frank Unger (Hg.): Populismus in Geschichte und Gegenwart, Würzburg 2008, S. 17–30, hier S. 17.

20 Paul Taggart: Populism, Buckingham 2000; ders.: Populism and Representative Politics in Contemporary Europe, in: Journal of Political Ideologies, 3/2004, S. 269–288.

21 Barbara Kuchler: Populismus, was ist das eigentlich?, in: Frankfurter Allgemeine Zeitung, 17.06.2017, S. 11.

22 Vgl. Ralf Dahrendorf: Acht Anmerkungen zum Populismus, in: Transit. Europäische Revue 25/2003.

23 Alexander Dobrindt: «Wir brauchen eine bürgerlich-konservative Wende», in: Die Welt, 04.01.2018, online: www.welt.de/debatte/kommentare/article172133774/Warum-wir-nach-den-68ern-eine-buergerlich-konservative-Wende-brauchen.html.

24 Karsten Fischer im Interview mit Clemens Hagen: «Vernunft und Aufrichtigkeit sind die Opfer», in: Abendzeitung, 17.03.2017, S. 11.

25 Ebd.

26 So Herfried Münkler im Interview mit Susanne Führer im Deutschlandfunk, 19.11.2016, online: www.deutschlandfunkkultur.de/politikwissen-
   schaftler-herfried-muenkler-grosse-teile-des.990.de.html?dram:article_
   id=371 845.

27 Oliver Nachtwey: Die Abstiegsgesellschaft: Über das Aufbegehren in der
   regressiven Moderne, Berlin 2016.

28 Vgl. Interview: «Der Populismus ist ein Platzhalter für das leere Versprechen der Demokratie geworden». Astrid Séville und Marius Hildebrand
   im Gespräch mit Conrad Lluis Martell, Soziopolis.de, 21.02.2018, online:
   soziopolis.de/beobachten/politik/artikel/der-populismus-ist-ein-platzhal-
   ter-fuer-das-leere-versprechen-der-demokratie-geworden/.

29 Heinrich Geiselberger (Hg.): Die große Regression. Eine internationale
   Debatte über die geistige Situation der Zeit, Berlin 2017.

30 Vgl. Ernesto Laclau: On Populist Reason, London 2005.

31 Ebd., S. 67.

32 Vgl. auch das Gespräch zwischen Armin Nassehi und Wolfgang Schiller
   im Deutschlandfunk: Das Volk als homogene Einheit?, 17.09.2017, online:
   www.deutschlandfunk.de/ethnos-und-demos-das-volk-als-homogene-
   einheit.1184.de.html?dram:article_id=392381.

33 Vgl. ebd.

34 Ernesto Laclau/Chantal Mouffe: Hegemonie und radikale Demokratie.
   Zur Dekonstruktion des Marxismus. Wien 2006.

35 Marius Hildebrand: Rechtspopulismus und Hegemonie. Der Aufstieg der
   SVP und die diskursive Transformation der politischen Schweiz, Bielefeld
   2017, S. 29.

36 So der AfD-Vorsitzende Jörg Meuthen über die Bundesrepublik auf dem
   Parteitag der rechten Alternativen im Frühjahr 2016.

37 Hildebrand: Rechtspopulismus und Hegemonie (wie in Anm. 35), S. 117.

38 So formuliert es Laclau in seinem schon zitierten Werk «On Populist
   Reason».

39 Thomas Krüger, Chef der Bundeszentrale für politische Bildung, im Interview mit der Berliner Zeitung Vgl. die Pressemitteilung auf SpiegelOnline,
   01.11.2017, online: www.spiegel.de/politik/deutschland/deutsche-einheit-
   bpb-chef-thomas-krueger-beklagt-westdeutschen-kolonialismus-a-
   1175851.html.

40 Donald Trump: The Inaugural Address, 20.01.2017, zum Nachlesen vgl.
   die Dokumentation auf der Seite des Weißen Hauses, online: www.white-
   house.gov/briefings-statements/the-inaugural-address/.

41 Laclau: On Populist Reason (wie Anm. 30), S. 73.

42 Hildebrand: Rechtspopulismus und Hegemonie (wie Anm. 35), S. 127.

43 Laclau: On Populist Reason (wie Anm. 30), S. 93.

44 Max Weber: Politik als Beruf, Tübingen 1992, S. 228.

45 So zum Beispiel der Politiker Pablo Iglesias von Podemos in Spanien.

46 Vgl. Wolfang Streeck: Die Wiederkehr der Verdrängten als Anfang vom Ende des neoliberalen Kapitalismus, in: Heinrich Geiselberger (Hg.): Die Große Regression. Eine internationale Debatte über die geistige Situation der Zeit, S. 253–274.

47 Vgl. Dan Hancox: Why Ernesto Laclau is the intellectual figurehead for Syriza and Podemos, in: The Guardian, 09.02.2015, online: www.theguardian.com/commentisfree/2015/feb/09/ernesto-laclau-intellectual-figurehead-syriza-podemos.

48 Dem Theoretiker lieferte vor allem der lateinamerikanische Linkspopulismus seine Schablone, denn dieser setzte mit Perón, mit Chavez und anderen auf die Selbstermächtigung des *«pueblo»* gegen die korrupten Eliten.

49 Helmut Dubiel: Das Gespenst des Populismus, in: ders. (Hg.), Populismus und Aufklärung, Frankfurt a. M. 1986, S. 33–50, hier S. 47.

50 Vgl. Jürgen Habermas: Faktizität und Geltung. Beiträge zur Diskurstheorie des Rechts und des demokratischen Rechtsstaats, Frankfurt 1992, S. 398.

51 Claus Leggewie: Populisten verstehen, Ein Versuch zur Politik der Gefühle, in: Karl-Rudolf Korte (Hg.): Emotionen und Politik, Baden-Baden 2015, S. 137–154, hier S. 141.

52 Vgl. Melanie Reinsch: Martin Schulz bei «Anne Will»: «Ich bin gefühlt und faktisch der bessere Kandidat», in: Kölner Stadtanzeiger, 30.01.2017, online: www.ksta.de/25641064.

53 Ulrich Wickert: Gauner muss man Gauner nennen. Von der Sehnsucht nach verlässlichen Werten, München 2007.

54 So Wilhelm Heitmeyer im Gespräch: Was der Kapitalismus mit dem Wahlerfolg der AfD zu tun hat – und warum ihre Anhänger einen «autoritären Nationalradikalismus» vertreten. Ein Gespräch mit dem Soziologen Wilhelm Heitmeyer, Süddeutsche.de, 04.10.2017, online: www.sueddeutsche.de/politik/soziologe-zur-afd-erwachen-aus-wutgetraenkter-apathie-1.3687762-3.

4. «Mut zur Wahrheit»
Die Unkultur des Disclaimers

1 Rede Frank-Walter Steinmeier am Festakt zum Tag der Deutschen Einheit in Mainz, 03.10.2017, online: www.bundespraesident.de/SharedDocs/Reden/DE/Frank-Walter-Steinmeier/Reden/2017/10/171003-TdDE-Rede-Mainz.html.

2 Wie etwa der kulturkonservative Literaturwissenschaftler Karl Heinz Bohrer: Provinzialismus. Ein physiognomisches Panorama, München 2000.

3 Siehe auch Jan Fleischhauer: Der überforderte Präsident, SPIEGELonline, 05.10.2017, online: www.spiegel.de/politik/deutschland/frank-walter-stein-meier-der-ueberforderte-praesident-a-1171352.html.

4 Vgl. z. B. Ulrich Exner et al.: «Ein Teil dieser Antworten würde die Bevöl-kerung verunsichern», WELT.de 18.11.2015, online: www.welt.de/politik/deutschland/article148969193/Ein-Teil-dieser-Antworten-wuerde-die-Bevoelkerung-verunsichern.html.

5 Vgl. die Agenturmeldung auf FAZ.net, 26.02.2018, online: www.faz.net/agenturmeldungen/dpa/jens-spahn-union-muss-vertrauen-bei-waehlern-zurueckgewinnen-15468740.html. Auch lesenswert: «Es hat sich aus-geschulzt und weggekernt», ZEIT.de, 14.02.2018, online: www.zeit.de/politik/deutschland/2018-02/politischer-aschermittwoch-spott-bundes-regierung-spd-personalprobleme.

6 Vgl. Simon Bornschier: Why a Right-Wing Populist Party Emerged in France but Not in Germany: Cleavages and Actors in the Formation of a New Cultural Divide, in: European Political Science Review, 4/1, 2012, S. 121–45.

7 Claus Peter Müller: AfD-Politiker Höcke relativiert Religionsfreiheit für Muslime, FAZ.net, 18.05.2016, online: www.faz.net/aktuell/politik/inland/hoecke-relativiert-religionsfreiheit-fuer-muslime-14239945.htm

8 Lucke verordnete diesen Slogan seiner Partei; seit März 2014 wiederholte Lucke ihn hundertfach. Vgl. Lenz Jacobsen: Ein Kommentar: Alle dumm, außer uns, ZEIT.de, 24.03.2014, online: www.zeit.de/politik/deutsch-land/2014-03/afd-parteitag-lucke-parteiprogramm

9 Grundsatzprogramm der AfD, S. 4 f; zitiert nach dem Leitantrag der Bundesprogrammkommission und des Bundesvorstandes. Vorlage zum Bundesparteitag am 30.04.2016/01.05.2016. Die Auslassung umfasst den Satz: «Rechtsstaatsprinzip und Vertragstreue sowie demokratische Legiti-mation haben für uns Vorrang vor kurzfristigem Aktionismus und wahl-wirksamer Effekthascherei.»

10 Der Wirtschaftsprofessor instrumentalisierte Wissenschaft zu politischen Zwecken, was seinen akademischen Mentoren zunehmend missfiel. Vgl. Philip Faigle: Der falsche Ökonom, ZEIT.de, 23.05.2014, online: www.zeit.de/wirtschaft/2014-05/bernd-lucke-oekonom-europawahl-afd

11 Vgl. ebd.

12 Ebd.

13 So die Selbstdarstellung der AfD auf ihrer Homepage, online zu finden unter: www.alternativefuer.de/christliche-alternative-fuer-deutschland-fas-vom-9-maerz-2014-hendrik-ankenbrand/.

14 Vgl. Lenz Jacobsen: Ein Kommentar: Alle dumm, außer uns, ZEIT.de, 24.03.2014.

15 Vgl. Christopher Bickerton/Carlo Invernizzi Accetti: Populism and technocracy: opposites or complements?, in: Critical Review of International Social and Political Philosophy, 20/2, 2017, S. 186–206; Daniele Caramani: Will vs. reason: the populist and technocratic forms of political representation and their critique to party government, in: American Political Science Review 1, 2017, S. 54–67.

16 Hannah Arendt: Wahrheit und Politik, Berlin 2006, S. 23.

17 Ebd., S. 14.

18 Vgl. dazu Michael Thomas Greven: Kontingenz und Dezision, Wiesbaden 2013, S. 62.

19 Hermann Lübbe: Philosophie nach der Aufklärung. Von der Notwendigkeit der pragmatischen Vernunft, Düsseldorf/Wien 1980, S. 161–177, hier S. 162.

20 Niklas Luhmann: Soziale Systeme, Frankfurt a.M. 1987, S. 152.

21 Vgl. Peter Strohschneider: Zur Politik der Transformativen Wissenschaft, in: André Brodocz et al. (Hg.): Die Verfassung des Politischen. Festschrift für Hans Vorländer, Wiesbaden 2014, S. 175–192, hier S. 179, 187.

22 Kritisch zum Beispiel Renate Mayntz: Speaking Truth to Power: Leitlinien für die Regelung wissenschaftlicher Politikberatung, in: der moderne staat – Zeitschrift für Public Policy, Recht und Management, 1/2009, S. 5–16.

23 Helmut Schelsky: Der Mensch in der wissenschaftlichen Zivilisation, Wiesbaden 1961, S. 458.

24 Ottmar Edenhofer: «Es wird teurer, je länger wir warten». Interview mit Michael Bauchmüller und Marlene Weiss, in: Süddeutsche Zeitung, 26.09.2013, S. 19.

25 Vgl. hierzu Holger Strassheim/Pekka Kettunen: When does evidence-based policy turn into policy-based evidence? Configurations, contexts and mechanisms, in: Evidence & Policy: A Journal of Research, Debate and Practice 2, 2014, S. 260.

26 So die Meldung: «Trump verbietet Gesundheitsbehörde sieben Wörter», FAZ.net, 16.12.2017, online: www.faz.net/aktuell/politik/trumps-praesidentschaft/trump-verbietet-gesundheitsbehoerde-woerter-wie-transgender-15344291.html.

27 Vgl. den schon zitierten Peter Strohschneider: Zur Politik der Transformativen Wissenschaft (wie Anm. 21), S. 190.

28 Imke Henkel: Eine Frage zerreißt das Land, ZEIT.de, 14.06.2016, online: www.zeit.de/politik/2016-06/brexit-yougovs-umfrage-spaltung-grossbritannien-demographie/komplettansicht.

29 Ruth Wodak: The Politics of Fear: What right-wing populist discourses mean, London 2015, S. 2.

30 Armin Nassehi: Der Erfolg der AfD – Ein deutlich demokratischer Vorgang, SPIEGELonline, 14.12.2017, online: www.spiegel.de/spiegel/armin-nassehi-der-afd-erfolg-ist-grunddemokratisch-a-1182746.html.

31 «Frauke Petry wirbt für den Begriff ‹völkisch›», ZEIT.de, 11.09.2016, online: http://www.zeit.de/politik/deutschland/2016-09/afd-frauke-petry-volk-buergerkrieg.

32 So die Meldung: AfD-Chef Lucke: «Höckes ‹Erfurter Resolution› halte ich für falsch», Thüringer Allgemeine, 28.4.2015, online: www.thueringer-allgemeine.de/web/zgt/politik/detail/-/specific/AfD-Chef-Lucke-8222-Hoeckes-8218-Erfurter-Resolution-8216-halte-ich-fuer-1198364071.

33 AfD-Sprecherin Frauke Petry zum Streit zwischen Höcke und Lucke: «Im AfD-Führungsstreit schießt Petry scharf gegen Lucke», WELT.de, 15.05.2015, online: www.welt.de/newsticker/news1/article140950751/Im-AfD-Fuehrungsstreit-schiesst-Petry-scharf-gegen-Lucke.html.

34 So die Meldung; Thüringer AfD-Chef Höcke distanziert sich nicht von der NPD, Thüringer Allgemeine, 06.05.2015, online: www.thueringer-allgemeine.de/web/zgt/politik/detail/-/specific/Thueringer-AfD-Chef-Hoecke-distanziert-sich-nicht-von-der-NPD-1797819952.

35 Samuel Rieth: Lucke sucht die Lücke, STERN.de, 21.09.2015, online: www.stern.de/politik/alfa--wie-berndluckes-neue-partei-die-afd-schlagen-will-6462946.html.

36 Vgl. Justus Bender: Was will die AfD? Eine Partei verändert Deutschland, München 2017.

37 Ebd.

38 So die schon zitierte Ruth Wodak: The Politics of Fear: What right-wing populist discourses mean.

39 Vgl. u. a. zur Äußerung von Beatrix von Storch: Annett Meiritz: Spitzenpolitiker entsetzt über Waffeneinsatz-Äußerungen von AfD-Frauen, SPIEGELonline, 31.01.2016, online: www.spiegel.de/politik/deutschland/afd-beatrix-von-storch-schiessbefehl-aeusserung-loest-entsetzen-aus-a-1074937.html.

40 Markus Wehner/Eckart Lohse: Gauland beleidigt Boateng, FAZ.net, 29.05.2016, online: www.faz.net/aktuell/politik/inland/afd-vize-gauland-beleidigt-jerome-boateng-14257743.html.

41 Matthias Hansl: Lüge, Bluff und Co, in: Kursbuch 189. Lauter Lügen, Hamburg 2017, S. 11.

42 Ebd.

43 So der Brief von Lucke: Die AfD ist in einer schweren Krise, Süddeutsche Zeitung, 12.05.2015, online: www.sueddeutsche.de/politik/luckes-brand-brief-die-afd-ist-in-einer-schweren-krise-1.2477205.

44 Justus Bender: Mir gehen manche Thesen gegen den Strich – Interview mit Hans-Olaf Henkel, FAZ.net, 24.04.2015, online: www.faz.net/aktuell/

politik/inland/afd-vizechef-hans-olaf-henkel-im-intervew-ueber-rueck-
tritt-13555486.html.

45 Hardy Prothmann: Wir werden ein regelrechtes Chaos erleben – Interview
mit Jörg Meuthen, RheinNeckarBlog, 19.10.2015, online: rheinneckarblog.
de/19/wir-werden-ein-regelrechtes-chaos-erleben/80 508.html.

46 Daniel-Pascal Zorn/Maximilian Steinbeis/Per Leo: Mit Rechten reden: Ein
Leitfaden, Stuttgart 2017.

47 Thilo Sarrazin: Der neue Tugendterror: Über die Grenzen der Meinungsfreiheit in Deutschland, München 2014.

48 Peter Issig: Horst Seehofer und der Spruch vom «Weltsozialamt», WELT.
de, 19.02.2015, online: www.welt.de/politik/deutschland/article137642111/
Horst-Seehofer-und-der-Spruch-vom-Weltsozialamt.html.

49 So die Agenturmeldung: Gauland heißt NPD-Slogan gut, auf: ZEIT.de,
05.06.2016, online: www.zeit.de/politik/deutschland/2016-06/afp-alexander-
gauland-zitat-npd-neonazi-band.

50 Hermann Behrendt: Die Mandative Demokratie: Eine Realutopie, Düssel-
dorf 2011, S. 66 f.

51 Regina Krieger: Lukratives Buch: Wie Sarrazin Millionär wurde,
Handelsblatt, 21.05.2012, online: www.handelsblatt.com/unternehmen/
it-medien/lukratives-buch-wie-sarrazin-millionaer-wurde/6647994.html.

52 Oliver Decker/Elmar Brähler: Autoritäre Dynamiken: Ergebnisse der bisherigen «Mitte»-Studien und Fragestellung, in: Oliver Decker/Johannes
Kiess/Elmar Brähler (Hg.): Die enthemmte Mitte. Autoritäre und rechtsextreme Einstellung in Deutschland, Die Leipziger «Mitte»-Studie, Gießen
2016, S. 21.

53 So die Meldung: AfD-Vize Gauland sieht Flüchtlingskrise als Geschenk,
SPIEGEL online, 12.12.2015, online: www.spiegel.de/politik/deutschland/
afd-alexander-gauland-sieht-fluechtlingskrise-als-geschenk-a-1067356.html.

54 Ernst Fuchs/Alexander Kain: Seehofer unterstellt Merkel «Herrschaft des
Unrechts» – Interview mit Horst Seehofer, Passauer Neue Presse, 09.02.
2016, online: www.pnp.de/nachrichten/bayern/1958889_Seehofer-unter-
stellt-Merkel-Herrschaft-des-Unrechts.html.

55 Das war zu lesen in: Seehofer wettert gegen Merkel – und lädt Orban ein,
SPIEGELonline, 11.09.2015, online: www.spiegel.de/politik/deutschland/
horst-seehofer-wettert-gegen-angela-merkel-in-fluechtlingspolitik-a-
1052455.html.

56 Cornelia Karin Hendrich: Cottbus wird keine weiteren Flüchtlinge auf-
nehmen, WELT.de, 19.01.2018, online: www.welt.de/politik/deutschland/
article172640202/Nach-Messerangriffen-Cottbus-wird-keine-weiteren-
Fluechtlinge-aufnehmen.html.

57 So die Presseerklärung vom 05.01.2016, online: www.presseportal.de/pm/
110332/3217627.

58 Vgl. zu dieser These das vieldiskutierte Buch von Oliver Nachtwey: Die Abstiegsgesellschaft. Über das Aufbegehren in der regressiven Moderne, Berlin 2016.

59 Boris Palmer: Wir können nicht allen helfen: Ein Grüner über Integration und die Grenzen der Belastbarkeit, München 2017.

60 Siehe dazu nur die Nachricht: Essener Tafel werden «Nazi-Praktiken» vorgeworfen, FAZ.net, 22.02.2018, online: www.faz.net/aktuell/gesellschaft/essen-der-tafel-werden-nazi-praktiken-vorgeworfen-15462517.html.

61 Den Studien zum «Extremismus der Mitte» zufolge bejahen zum Beispiel über 40 Prozent der Deutschen die Aussage, dass man Muslimen die Einwanderung nach Deutschland verbieten müsse, während fast 60 Prozent Sinti und Roma eine Neigung zu Kriminalität attestieren. Vgl. Oliver Decker/Johannes Kiess/Elmar Brähler (Hg.): Die enthemmte Mitte: Autoritäre und rechtsextreme Einstellung in Deutschland, S. 8.

62 Ebd. S. 7 f.

63 Ebd.

64 Ebd. S. 20.

65 Benedikt Peters: Schrill in den Wahlkampf, SZ.de, 23.04.2017, online: www.sueddeutsche.de/politik/afd-parteitag-in-koeln-schrill-in-den-wahlkampf-1.3475494.

66 Die «Erfurter Resolution» – Wortlaut und Erstunterzeichner, 14.03.2015, online: www.derfluegel.de/2015/03/14/die-erfurter-resolution-wortlautund-erstunterzeichner/.

67 Henry Bernhard: Höcke und die Grenzen der Meinungsfreiheit, Deutschlandfunk, 29.05.2015, online: www.deutschlandfunk.de/afd-in-thueringen-hoecke-und-die-grenzen-der.1773.de.html?dram:article_id=321131.

68 Vgl. die Meldung: «Roberto Blanco war immer ein wunderbarer Neger», SPIEGEL online, 01.09.2015, online: www.spiegel.de/politik/deutschland/joachim-herrmann-nennt-robert-blanco-wunderbaren-neger-a-1050797.html.

69 Das war im Januar 2018 über Noah Becker zu lesen auf dem Twitter-Account des AfD-Bundestagsabgeordneten Jens Maier.

70 Tomasz Kurianowicz: Diese Kunst soll weg, ZEIT.de, 24.01.2018, online: www.zeit.de/kultur/literatur/2018-01/gedicht-eugen-gomringer-berlin-sexismus-kommentar.

71 Justus Bender/Reinhard Bingener: Marc Jongen: Der Parteiphilosoph der AfD, FAZ.net, 15.01.2016, online: http://www.faz.net/aktuell/politik/inland/marc-jongen-ist-afd-politiker-und-philosoph-14005731-p2.html.

72 Vgl. «Ich sehe nur noch vereinzelt Deutsche»: Meuthens Behauptungen im Fakten-Check, FOCUS online, 05.10.2017, online: www.focus.de/politik/deutschland/afd-chef-meuthen-und-seine-stadt-ich-sehe-nur-noch-vereinzelt-deutsche-meuthens-behauptungen-im-fakten-check_id_7679354.html.

73 Vgl. Etienne Balibar: Gibt es einen ‹Neo-Rassismus›?, in: Ders./Immanuel Wallerstein: Rasse. Klasse. Nation. Ambivalente Identitäten, Hamburg 1998.

74 Vgl. zum Beispiel «Wir sind nicht Burka» – Thomas de Maizières Leitkultur, SPIEGEL online, 30.04.2017, online: www.spiegel.de/politik/deutschland/thomas-de-maizieres-leitkultur-wir-sind-nicht-burka-a-1145500.html oder «Gabriel fordert Debatte über ‹Heimat› und ‹Leitkultur›», WELT.de, 16.12.2017, online: www.welt.de/politik/deutschland/article 171644490/Gabriel-fordert-Debatte-ueber-Heimat-und-Leitkultur.html.

75 Dolf Sternberger: Verfassungspatriotismus, Frankfurt a. M. 1990; Jürgen Habermas: Staatsbürgerschaft und nationale Identität, in: ders.: Faktizität und Geltung, Frankfurt a. M. 1992.

76 Theodor W. Adorno: Schuld und Abwehr. Gesammelte Schriften Band 9/2, Frankfurt a. M. 1975, S 276 f.

77 So zu hören in der Rede von Christian Wulff zum 20. Jahrestag der Deutschen Einheit, 03.10.2010, online: www.bundespraesident.de/SharedDocs/Reden/DE/Christian-Wulff/Reden/2010/10/20101003_Rede.html.

78 Vgl. auch Yascha Mounk: Der Zerfall der Demokratie. Wie der Populismus den Rechtsstaat bedroht, München 2018.

79 Vgl. Simon Bornschier/Hanspeter Kriesi: The populist right, the working class, and the changing face of class politics, in: Jens Rydgren (Hg.): Class politics and the radical right, Abingdon/New York 2012, S. 10–29; Matt Golder: Far right parties in Europe, in: Annual Review of Political Science, 19, 2016, S. 488; Dominic Höglinger: Politicizing European Integration: Struggling with the Awakening Giant, Basingstroke/New York 2016.

80 Pablo Beramendi et al.: The politics of advanced Capitalism, Cambridge 2015; Silja Häusermann/Hanspeter Kriesi: What do voters want? Dimensions and configurations in individual-level preferences and party choice, in: Pablo Beramendi et al. (Hg.): The politics of advanced Capitalism, Cambridge 2015, S. 202–230.

81 Für ihn zeigt sich: «Das Erscheinen der Alternative für Deutschland auf der politischen Bühne bedeutet vor allem eines: diese Zusammenhänge kommen den Bürgern zu Bewusstsein, der Widerstand hat begonnen. Die bürgerliche Mitte ist heute – paradox genug – die eigentlich revolutionäre Klasse. Der Endzweck dieser Revolution ist freilich nicht die klassenlose Gesellschaft, sondern die Wiederherstellung der sozialen Marktwirtschaft und der Souveränität des Volkes gegenüber dem Lobbyismus.» Marc Jongen: Das Märchen vom Gespenst der AfD, Cicero, 22.01.2014, online: www.cicero.de/berliner-republik/afd-ein-manifest-fuer-eine-alternative-fuer-europa/56894.

82 Vgl. ebd.

83 Juncker soll diesen Satz 2011 bei einer Preisverleihung in der bayerischen Landesvertretung geäußert haben. Vgl. nur beispielhaft: Hendrik Kafsack:

Juncker nach falschen Dementis in der Kritik, FAZ.net, 10.05.2011, online: www.faz.net/aktuell/wirtschaft/eurokrise/nach-geheimtreffen-zu-grie-chenland-juncker-nach-falschen-dementis-in-der-kritik-1641525.html.

84 Platon: Der Staat 389b, Stuttgart 1973, S. 74.

85 Ernst Fuchs/Alexander Kain: Söder: Union muss zu alter Glaubwürdig-keit zurückkehren – Interview mit Markus Söder, Passauer Neue Presse, 14.02.2018, online: www.pnp.de/nachrichten/politik/2835212_Soeder-Uni-on-muss-zu-alter-Glaubwuerdigkeit-zurueckkehren.html.

86 Wolfgang Prosinger/Norbert Thomma: «Die Kanzlerin chloroformiert das Land» – Interview mit Roger Willemsen, Tagesspiegel, 07.02.2018, online: www.tagesspiegel.de/politik/erinnerung-an-roger-willemsen-die-kanzlerin-chloroformiert-das-land/9660382-all.html.

87 Daniel Friedrich Sturm: Frage zu Merkel bringt Schulz völlig aus dem Konzept, WELT.de, 25.09.2017, online: www.welt.de/politik/deutschland/article169028979/Frage-zu-Merkel-bringt-Schulz-voellig-aus-dem-Konzept.html.

88 Peter Mair: Ruling the Void: The Hollowing of Western Democracy, London 2013.

89 Armin Nassehi: Der Erfolg der AfD – Ein deutlich demokratischer Vorgang, SPIEGEL online, 14.12.2017, online: www.spiegel.de/spiegel/armin-nassehi-der-afd-erfolg-ist-grunddemokratisch-a-1182746.html.

90 Thomas Hobbes: Leviathan oder Stoff, Form und Gewalt eines kirchlichen und bürgerlichen Staates. Hg. von Iring Fetscher, Neuwied/Berlin 1966, S. 544.

Schluss
Die Dissonanzen unserer Zeit

1 Vgl. die Bertelsmann-Studie von Catherine de Vries und Isabell Hoffmann: Globalisierungsangst oder Wertekonflikt? Wer in Europa populistische Parteien wählt und warum, 2016, online: https://www.bertelsmann-stiftung.de/fileadmin/files/user_upload/EZ_eupinions_Fear_Studie_2016_DT.pdf.

2 So im Jahre 2010 die Regierungspartner von CSU und FDP.

3 Vgl. Armin Schäfer/Lea Elsässer/Svenja Hense: «Dem Deutschen Volke?» Die ungleiche Responsivität des Bundestags. In: Zeitschrift für Politik-wissenschaft 27, 2017, S. 161–180; Armin Schäfer: Wahlbeteiligung und Nichtwähler. In: Aus Politik und Zeitgeschichte, 48–49, 2013, S. 39–46.

4 Vgl. Wilhelm Abendroth (Hg.): Antagonistische Gesellschaft und politische Demokratie. Aufsätze zur politischen Soziologie, Neuwied/Berlin 1972.

5 Vgl. Helma Sick/Renate Schmidt: Ein Mann ist keine Altersvorsorge: Wa-rum finanzielle Unabhängigkeit für Frauen so wichtig ist, München 2015.

Anmerkungen

6 Vgl. Armin Nassehi: Es gibt ein Recht auf Migrationsskepsis, in: Chrismon. Das evangelische Magazin, 08.12.2017.

7 Cornelia Koppetsch: Aufstand der Etablierten?, auf: soziopolis.de, 12.04. 2017, online: https://soziopolis.de/beobachten/kultur/artikel/aufstand-der-etablierten/.

8 Heinz Bude: Das Gefühl der Welt – Über die Macht von Stimmungen, München 2016.

9 Vgl. Craig Berry/Colin Hay: The Great British ‹Rebalancing› Act: The Construction and Implementation of an Economic Imperative for Exceptional Times, in: The British Journal of Politics and International Relations, 18/1, 2016, S. 3–25, hier S. 21.

10 Joseph Alois Schumpeter, Kapitalismus, Sozialismus und Demokratie, Stuttgart 2005, S. 456 f.